「経済学」にだまされるな!

TRAITÉ D'ÉCONOMIE HÉRÉTIQUE

EN FINIR AVEC LE DISCOURS DOMINANT

人間らしい暮らしを取り戻す10の原則

トマ・ポルシェ 著
THOMAS PORCHER

岩澤雅利 訳　白井 聡 解説

NHK出版

「経済学」にだまされるな！

人間らしい暮らしを取り戻す10の原則

ブックデザイン　西垂水敦・市川さつき（krran）

サラとラファエルに

CONTENTS

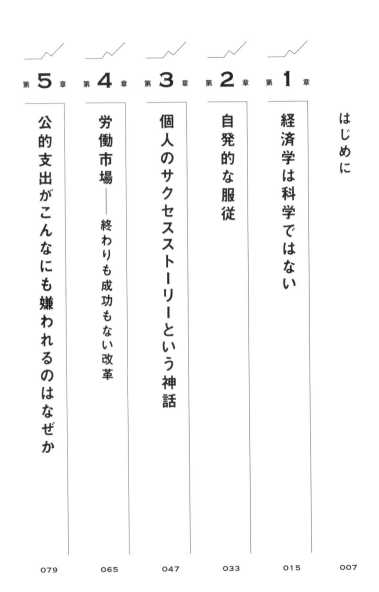

本文中の【　】は訳注を示す。注番号は原注(傍注を参照)。
本文中に挙げられた書名は、邦訳版があるものは邦題を表記し、邦訳版がないものは逐語訳を示した。

はじめに

「公的債務は将来世代を危機に陥れる」、「労働市場を柔軟にすれば失業を克服できる」、「自由貿易はすべての人に利益をもたらす」、「別の経済政策を選ぼうものなら、ベネズエラや北朝鮮のようになってしまう」。三〇年以上も前から、アメリカ、フランス、イタリア、ギリシャなど、あらゆる先進国でこのような主張が果てしなく繰り返されている。主張を発信する政界やメディアや言論界のエリートたちは、そのために一部の国民に試練を耐え忍んでもらう必要を訴えるが、自分たちにその影響が及ぶことはない。このような主張は人々の心に深く浸透しているので、もはや議論の対象にはならないように見える。さらに悪いことに、こうした政策でまず割を食う人々こそが、閉塞的な現状を打破する政策の早い実現を望むあまり、豊かな国ではごく当たり前のこと——堂々と働くこと、住むこと、治療を受けること、不足なく食べること、休暇旅行に出かけること、健全な環境で暮らすこと、まずまずの退職年金を支給されること——を、自分たちから奪おうとする人間に投票してしまうのだ。

ところで現在、アメリカでもヨーロッパでも、賃金労働者の権利は企業の雇用の妨げとみなされ、公的債務を減らす名目で公共サービスの予算が削られている。さらに、衛生面と環境面での規制は大企業がうまくかわせるように文案が作られ、ふさわしい年齢でそれなりの額の年金を受けることは少数の国民だけのぜいたくとみなされるようになった。私たちは頼るべき選択肢がほかにないと信じているので、こうした情勢に歯止めがかかることはないように見える。だが、本書の目的はまさにそれとは別の選択肢を示すことにある。つまり、経済学的な常識として押しつけられる、新自由主義的な「思想」に基づく支配的な意見を拒み、ばか正直に服従する姿勢をきっぱりとやめ、論争の機会を取り戻すことである。

政界やメディアや言論界のエリートたちの主張に従ってしまう傾向が生じるのは、私たちが世に認められた思考の枠から出ようとしないためである。いままでは、昇給、休暇の延長、週あたりの労働時間のさらなる短縮、退職年金の引き上げ、託児所・病院・公共サービスの拡充を求めて声を上げる者はめったに目にしなくなった。そうした要求は生活の質の向上につながるのだが、先進国のエリートたちによって阻まれるのだ。彼らはおそらくこう言う。「グローバル化が進む状況では、最低賃金を上げることなど考えられない。そんなことをしたらどの企業も国外へ逃げてしまう」。「公的債務の大きさを考えると、公共サービスの質を高めるために予算を割くことはできない」。私たちの思考は、このような、エリートたちが規定する「合理的な枠」によって拘束されている。そこから出ようとすると空想家扱いされる。しかし、枠の外での議論ができないような思考の枠を作ることが、人々を導く良い方法だろうか。こうした限界を設けることがいったい誰の利益になるのか。かつては有給休暇の要求が当たり前と受け取られていたのに、いまでは実現しそうにないのはどうしてなのか。

議論の範囲を自発的に狭めるこの思考の枠は、特定の時期の力関係と経済的信念が組み合わされてできたものだ。特定の時期、という点は重要で、歴史をふり返れば、経済は常に同じ方向に向かって進んできたわけでないことがわかる。どのような常識も打ち破られてきたのであり、いま自明の理とされているものが一〇年もしないうちに時代遅れになるかもしれない。

現在、新自由主義者たちは、国家による経済戦略の立案、公共部門への投資、金融市場の規制などを不可能と考えているが、これらは一九五〇年から一九八〇年の間には、常識的な政策と捉えられていた。この時期に実行されたことは、自由主義が経済活動を支配していた一九〇〇年から一九三〇年になされたことと正反対である。そして一九五〇年から一九八〇年までの三〇年間に有効だった事柄は、それ以降は有効と認められなくなっている。経済は不変ではなく、特定の時期の力関係を背景とする調整方法であって、必然的なものは何もない。そのため、思考の枠がいつまでも変わらず、別の選択肢の検討ができないほうが好都合だと考える人々は、それを巧みに利用する。だからこそ、〝経済的真実〟とされるものを鵜呑《うの》みにせず、経済政策が固定化されないよう常に考え、議論する必要があるのだ。

この思考の枠を脱するためには、経済が、そもそも明白な結果をともなう中立的な科学ではないことを知る必要がある。いわゆるコンセンサスや、一部の経済学者が強調する「科学的真実」を信用してはいけない。過去の歴史には、コンセンサスが、多くの個人（ときには数十億の人々）を悲惨な境遇に陥《おとしい》れた例がある。たとえば、金融市場は自己調整機能によって効率化されるという、経済界におけるほぼ全員一致のコンセンサスは、リーマンショックによる二〇〇八年の危機を引き起こし、著名な国際機関や大学に属する多くの経済学者をあわてさせた。経済学において全員一致のコンセンサスはそもそも稀《まれ》だが、それが生まれた場合でも、その正しさを保証するものはない。したがってその妥当性をつねに議論することを忘れてはならない。

新自由主義陣営の経済学者は、思想を振りかざしてはいないかのように見せているが、実際は違う。経済は遠回しの権力行使にほかならないのだ。だから、ある改革が適切かどうかを判断するときには——少数の支配者集団が絶えず自問するように——誰の役に立つのか、という素朴な自問をしなければならない。たとえば、改革によって条文が修正されると、人々の努力の方向性も富の分配のしかたも変わる。経済学者が何と言おうと、いったん改革がなされれば誰かがほかの者より多く利益を得ることになる。富の創造と分配は経済の土台をなすが、それは現実には、一部の者がほかの者よりも(みなで創出した)成果の分け前を多く受け取ることを認めさせる手段なのだ。

こうした新自由主義陣営の経済学者の術中にはまらないためには、次の八つのことを理解しておく必要がある。

第一に、成功が決して個人の力だけで実現するものではないことを理解しよう。「やろうと思えばできる」という言葉を支配階層が巧みに利用していることがわかり、「成功者」を手放しで賞賛する風潮の背後には、富裕層への減税を世に認めさせようとする意図がひそんでいることが理解できるだろう。

第二に、失業の原因は求職者の側にあるのではなく、権力者たちが実行に移した不適切なマクロ経済政策にあることを理解しよう。そうすれば、失業者にその境遇の責任を負わせるべきでないことが納得され、政権担当者に説明を求めようと思うだろう。

第三に、二〇〇〇年から二〇一三年にかけて、イタリアが四七回、スペインが三九回、ギリシャが二三回もの労働市場改革を行った結果、失業率がそれぞれ一二・三%、二六・二%、二七・五%となったのに対し、六回の改革しかしていないドイツの失業率が五・三%にとどまっていることを理解しよう。そうすれば、労働市場の柔軟化が失業の解決策だという説明を受け入れることはできなくなるだろう。

第四に、社会福祉国家が不平等を減少させつつ経済を成長させていることを理解しよう。そうすれば、公共投資を減らしたり社会福祉国家の担当領域を削ったりしたがる者が、人間の生活条件を二の次にして、公共サービスの大部分を民間に移そうとしていることが理解できるだろう。

第五に、イタリア、フランス、イギリスといった欧州諸国が過去にGDP（国内総生産）の二〇〇%以上の公的債務を抱えていたことを理解しよう。さらに、その当時は現在よりも利率が高かったことや、これだけの公的債務が発生する原因となった政策を提言した経済学者たちがそのことでいささかも活動を妨げられなかったことや、二〇〇八年の危機を引き起こした民間部門の債務が公的債務よりも大きいことを理解すれば、公的債務が緊縮政策に根拠を与えるためのこけおどしであることが理解できるだろう。

第六に、地球温暖化対策として実施される政策が、じつは金融市場の利益を優先して不充分な内容になっていることを理解しよう。国際社会が喜びをもって迎えたCOP21【二〇一五年に開催された国連気候変動枠組条約第21回締約国会議のこと。温室効果ガス削減に合意する「パリ協定」が締結された】の合意文書のページ数がわずか四〇ページであることが物語るように（たとえばヨーロッパと韓国の間の自由貿易協定が一八〇〇ページに上ることは、気候より貿易が重視されている証拠だ）、当事国が気候変動のおもな原因を合意文書から注意深く取り去ったことを理解できれば、政治指導者たちの優先事項が地球温暖化の克服でも、大企業にエネルギーシフトを促すことでもないことは明白だ。彼らの目的は地球全体が前代未聞の大きな危険にさらされようと、現行の生産様式と多国籍企業の利益を守り抜くことだと理解できるだろう。

第七に、ヨーロッパ連合の成立が加盟国間の競合につながり、ここ十数年、欧州委員会の政策によってアメリカ発の危機がユーロ圏に影響を及ぼしてきたことを理解しよう。ヨーロッパが自らの半分（ギリシャをはじめとする南ヨーロッパ）をすすんで犠牲にしてきたことに思い至れば、ヨーロッパを愛することが欧州委員会を愛することではなく、むしろその反対だと理解できるだろう。

最後に、アメリカを筆頭とする豊かな国々が、自由貿易を推進する以前、保護主義に守られながら発展してきたことを理解しよう。「自由貿易」という言葉が、実は多国籍企業だけが利益を得ていることを覆い隠していることや、ＩＭＦ（国際通貨基金）があからさまに多国籍企業の利益に奉仕しているとわかれば、グローバル化が貧しい国々の味方ではなく、このような政策が実行されていくかぎり、世界の住民の大多数がこれからもなお窮乏を耐え忍ぶしかないことが理解できるだろう。

本書は、社会通念を突きくずし、確かな事実を踏まえることによって、経済学の初心者や、政治問題に関心のある学生や、活動家（ときに、その両方）に、政界やメディアや言論界のエリートが示すのとは別の経済論を提示することを目的としている。つまり、三〇年以上前から進められてきた新自由主義の経済政策とは違う方法で事象を読み解き、主流派の経済論に対抗する論を示すものである。市民一人ひとりが本書を理解すれば、今度こそ問いを発し、議論を投げかけ、主流派の提案を宿命として受け入れることをやめることができるだろう。

第1章

経済学は科学ではない

そもそも経済学は、客観的事実を実験と分析によって立証し、中立性を担保する〝科学〟と呼べる学問分野なのだろうか？　この問題をめぐる議論はつい最近始まったわけではない。たとえば、ロバート・シラーとユージン・ファーマは金融市場の働きについて互いに異なる視点を持つ経済学者だが、この二人に二〇一三年度のノーベル経済学賞が同時に授与されたとき、経済学者のラジ・チェティは『ニューヨーク・タイムズ』紙に「そのとおり、経済学は科学である」と題する論考を寄せた。しかし経済界で新たに議論が熱くなったのは、二〇一六年、ともにフランスの経済学者であるピエール・カユックとアンドレ・ジルベルベールが『経済学の否認主義――どうやってこれを脱却するか』という本を出版したときのことである一注1一。

二人の著者は、三〇年以上前から経済学は医学や生物学と同じような実験科学になっていると主張し、自分たちの説に異を唱える一部の経済学者たちの「経済は政治である」という主張を非難した。二人は経済学に論争が起こる余地はないと言う。なぜなら、自然科学の実験にならい、類似したふたつの人口集団を対象として、一方に措置を講じ他方には講じないでおけば、明白な結果が得られるからである。たとえば最低賃金の引下げが雇用に与える影響を知るには、ふたつの地域を対象に、一方（テストグループ）に引下げを適用し、他方（抑制グループ）には適用せずに両者の推移を見る。カユックたちは、とりわけメディアにおける議論にはバイアスがかかっているという。そうした議論は、科学的真実を握る人々と思想を振りかざす人々を対立させているから、と。それゆえ、無駄な議論を避けるため、経済学者に質問したり、経済学者の意見に従ったりする前に、彼らの科学的な著作に目を通したほうがいい、というのである。

この挑発的な本は大きな反響を呼んだ。多くの評論家がカユックとジルベルベールの主張を盾に、左派に分類される経済学者たちを貶《おとし》める絶好の機会にした。こうした評論家にとって、いくつかのテーマはもはや議論が不要なものとなったのだ。経済学が問題に決着をつけ、「真実」を確立し、科学的コンセンサスを引き出した以上、それに反対することは、広く認められている歴史的事象の存在を認めない「否認主義」と同じだ、というわけだ。

しかし、これほどばかげた態度はない。コンセンサスは真実と同義語ではないし、議論を通じて変わってもいく。さらに悪いことに、一部のコンセンサスが危険をもたらすこと

|注1| P.Cahuc & A.Zylberberg, *Le négationnisme économique – Et comment s'en débarrasser*, Flammarion, 2016.

もある。過去をふり返れば、リーマンショックの前、ほとんどすべての主流派経済学者が異口同音に、金融市場は効果的で安定し、銀行は盤石《ばんじゃく》で、景気後退などまったく考えられないと言っていた。現実には、経済学においてコンセンサスは法則というよりも例外であり、経済学者たちの意見が一致することはほとんどないのである。

融通のきく弁護

『経済学の否認主義』の主張に嬉々として賛同した人々は、実のところ、この本で述べられている考えに「政治的に」同意していたにすぎない。実験のおかげで中立的になったとされる経済学を武器として、異端派、つまり左派《リベラルな》の考えをもつ経済学者に対する正面攻撃がなされたのだった。異端派を根底的に批判するより、否認主義者の烙印《らくいん》を押すほうが簡単だったのだ。この手口の目的は何か。左派の経済学者が科学的研究からはほど遠い「活動家」だと信じさせることである。それにひきかえ新自由主義陣営の経済学者は科学の側に立ち、政治的発言を慎んでいると思わせたかったのだ。

新聞のなかには、経済学のいわゆる中立性についてカユックとジルベルベールの説を取り入れる一方で、奇妙なことに、IMFに批判的なジョセフ・スティグリッツがユーロを批判した著書[注2]を攻撃をするものがある。しかし、ジョセフ・スティグリッツが二〇〇一年度ノーベル経済学賞を受賞していたことを踏まえれば、この問題について意見を表明する権利を彼に与えるのが自然ではないか。それをしなかったのは、スティグリッツが引き出した結論――とくにユーロ圏の構造の見直し――は一部の新聞の論調に反していたからである。

ここで話を出発点に戻してみよう。経済が政治的視点を含まない中立的科学なら、ノーベル賞経済学者の主張を受け入れようとしないことは、カユックとジルベルベールの繊細な表現を借りれば「経済学の否認主義」の一種ということになる。しかし、スティグリッツのような「本物の」経済学者を経済学者全体から切り離そうとする人々にとって、「恐

注2 Joseph E. Stiglitz, *The Euro : How a common currency threatens the future of Europe*, W. W. Norton & Company, 2016［邦訳：ジョセフ・E・スティグリッツ『ユーロから始まる世界経済の大崩壊』、峯村利哉訳、徳間書店、二〇一六］

ろしい」活動家は、たとえ世界的に高い評価を受けたとしても活動家でしかないのである。

ノーベル賞経済学者ふたりの意見が食い違うことがありうるのか

二〇一四年度にノーベル経済学賞を受賞したジャン・ティロールは著書『良き社会のための経済学』のヨーロッパに割かれた章のなかで、次のように述べている。「欧州統合が疑問視されている現状において、統合の取り組みが所得格差を減少させたことを、また、近年の芳《かんば》しくない経済状況を考慮に入れても、統一ヨーロッパの諸制度が全体として成長に寄与してきたことを思い出しておくのは有益である」―注3―。

一方、二〇〇一年度にノーベル経済学賞を受賞したジョセフ・スティグリッツは『ユーロから始まる世界経済の大崩壊』(峯村利哉訳、徳間書店、二〇一六)のなかでこう述べる。「ユーロは不平等の増大をもたらした。これが本書の中心をなす主張である。ユーロは格差を広げたのだ。ユーロによって、弱い国々はいっそう弱くなり、強い国々はさらに強くなった」―注4―。

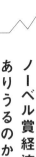

つまり、優れた二人の経済学者が、ヨーロッパ連合（EU）の成果について明らかに異なる見解を示しているのだ。前者は失敗があったとはいえ経済成長を実現したと主張するのに対し、後者は欧州統合を格差増大の原因だと言う。おそらくスティグリッツもまた成長の全体的上昇に気づき、ティロールも格差の広がりに気づいていたのだが、それぞれ本質的とみなす側面が異なるのだ。当然、彼らがヨーロッパを救うために示す解決策も異なっている。スティグリッツはユーロの運用方法を緩めて加盟国に通貨政策の主権をある程度取り戻させることを主張し、ティロールは加盟国に通貨の主権をさらに譲り渡すよう求めている。

この例に見られるように、同じ状況を同等の厳密さで分析した場合であっても、認識や解決策においても解釈の違いが生じるのである。スティグリッツもティロールも間違っているわけではない。彼らはともに本当のことを言っているのだが、それぞれの関心が、同

注3｜Jen Tirole, *Economie du bien commun*, Presses universitaires, p.351, 2016［邦訳：ジャン・ティロール『良き社会のための経済学』、村井章子訳、日本経済出版、二〇一八］

注4｜スティグリッツ前掲書。

じ問題の別の側面に向いているため、認識や意見の相違が生じるのだ。実は、一方からと他方からの答えを提供することは経済分析の基本である。かつてアメリカのトルーマン大統領は、経済学の専門家である秘書官たちの「一方では《イン・ワン・ハンド》」と「他方では《イン・ジ・アザー・ハンド》」という分析にうんざりし、「片手の経済学者《ワン・ハンド》」を紹介してほしいと言ったことがある。

すぐれた経済学者が相互に食い違う見解を示した例はほかにも多くある。フランスの労働市場のさらなる柔軟化を目的として二〇一六年に提出されたエル・コムリ法案をめぐる議論を取り上げてみよう。二〇一六年三月四日、ジャン・ティロール、フィリップ・アギオン、エリー・コーエン、ピエール・カユックなど三〇人ほどの経済学者が『ル・モンド』紙に共同論文を掲載した―注5―。そこで彼らは「エル・コムリ法案は経済的弱者にとって大きな前進である」と述べ、この法案が恵まれない人々に長期的雇用をもたらすだろうと主張した。その四日後、今度はトマ・ピケティ、フィリップ・アシュケナージ、ジュリア・ケージ、ダニエル・コーエンなどの経済学者グループが、同じく『ル・モンド』紙にそれとは逆の主張を述べた論文を掲載した。これは「あの法案で失業は減らせない」と題する論文で、そこには「現在知られている状況をみる限り、先日の論文でわれわれの同業者たちが主張したように、人員コストの削減がフランスの失業減少につながると断定する材料はひとつもない」—注6— と書かれていた。こうした状況下でコンセンサスを云々するのは難しい。

カユックとジルベルベールの著書で強調されている実験的方法そのものも、科学者の間で議論の的になっている。まずその方法論について、二〇一五年にノーベル経済学賞を受賞したアンガス・ディートンは、技術的な限界がいくつかあると指摘する。彼はある論文のなかでこう述べる。「実験に他の方法よりも信頼性の高い知識を生み出す特別な力があるわけではない。また、実際に行われる実験はしばしば何らかの現実的問題に見舞われ、統計的・科学的な優位を謳《うた》うあらゆる主張をあやうくする」—注7—。

—注5— Collectif d'économistes (J.Tirole *et al.*),《Le projet de loi El Khomri représente une avancée pour les plus fragiles》, *Le Monde*, 4 mars 2016.

—注6— Collectif d'économistes (T. Piketty *et al.*),《La《loi travail》ne réduira pas le chômage》, *Le Monde*, 8 mars 2016.

—注7— A. Deaton,《Instruments, randomization, and learning about development》, *Journal of Economic Literature*, vol. 48, n°2, p.424-455, 2010.

さらに、この方法論から得られた結果そのものもまた、論争の対象になる。たとえば、労働時間の短縮が雇用にもたらす効果についてカユックとジルベルベールは、二〇〇九年にマチュー・シュマンとエティエンヌ・ヴァスメルが権威ある科学雑誌『ジャーナル・オブ・レイバー・エコノミクス』誌に載せた論文を引き合いに出して説明している。シュマンとヴァスメルはそこで、地方独自の法律で祝日を二日増やすことにしたアルザス地方モーゼル県とフランスの他地域を比較する調査を行った。そして、フランスの他地域にくらべて労働時間が大きく減ったモーゼル県において、失業の増加も、わずかな雇用の創出もみられなかったことを明らかにした。したがって著者の結論は、労働時間が減少しても雇用には影響がないということだ。週三五時間労働がフランスで雇用の創出につながらなかったと多くの経済学者が述べているが、その根拠となっているのがこの科学的調査なのだ。

しかしながら、シュマンとヴァスメルの科学的調査は名高い学術誌に掲載されたにもかかわらず、いまもなお科学者の間で議論を呼んでいる。CNRS（国立科学研究センター）の研究責任者オリヴィエ・ゴドショによれば、シュマンとヴァスメルは重要な変数というべき企業規模について情報処理上の誤りを犯しているだけでなく、モーゼル県の多くの住民がドイツ、ルクセンブルク、ベルギーで働いていることを考慮に入れていなかったとい

う。ゴドショは自らのサイトに掲載した論文で、「われわれの調査によると、あの自然実験【実社会に自然に生じた現象の原因と結果を観察して比較する実験】の妥当性に疑問を抱かざるをえない」|注8|とした。シュマンとヴァスメルは情報処理にミスがあったこと、そして国境地帯住民を考慮に入れなかったことを認めつつ、そうした不手際によって調査結果が揺らぐことは少しもないと何ページにもわたって主張している。

この一件から得られる教訓は、カユックとジルベルベールの思惑とは逆に、学術誌に載った調査結果であっても経済学者の間で議論の対象になるということだ。こうした状況で、経済学における「科学的コンセンサス」や「真実」や「確実性」を語るのには無理がある。科学的研究がもたらす結果は興味深いが完全ではない。そうした研究は仮説や変数の選択や（空間的・社会的・文化的な）状況に左右されるからだ。それゆえ経済学には論争がつきものであり、研究結果にあえて挑戦することは研究者の役割の基本なのである。

|注8| O.Godechot,《L'Alsace-Lorraine peut-elle décider des 35 heures ?》, *Notes et Documents de l'OSC*, série Débat et Contreverses, n °2016, 4 octobre 2016.

経済学者が間違えるとき

二〇〇八年一一月、女王エリザベス二世は名門ロンドン・スクール・オブ・エコノミクスの新校舎の落成式に招かれた。ルイス・ガリカノ教授による金融危機の説明を聞いた女王は、みなが抱いていた、見かけはごく素朴な質問を発した。「大変なことになると誰も気づかなかったのはなぜですか」。実際、二〇〇八年の危機【リーマンショックのこと。二〇〇七年九月頃より顕在化した金融危機は二〇〇八年、リーマンブラザーズの破綻から全世界に波及した】の前には、市場の生産性と自己調整力についてのコンセンサスが行き渡り、大多数の経済学者はこれほど大変なことが起こるとは予測していなかった。この時、エリザベス女王は次のような質問もできたはずだ。「危機が起こると警告を発していた人々がいたのに、なぜ聞き入れられなかったのですか」。たしかに、経済学者のなかには金融の規制緩和の危険を察知していた者がいた（過去にもそうした人物がいたことは、ケインズやハイマン・ミンスキー【資本主義経済には金融不安定性が内在するという学説をとなえたアメリカの経済学者】の主張を見ればわかる）。

たしかに、経済学者のなかにはアメリカ経済の機能障害に警鐘を鳴らしていた者がいた(とりわけ非主流派の経済学者)。しかしながらそうした経済学者は、経済指標が安定している状況のなか、圧倒的に強いコンセンサスを前に少数派扱いされ、耳を貸してもらえなかっただけである。政府を金融市場の規制緩和に駆り立てた強力な銀行ロビー団体がいくつも存在する一方、金融市場の働きの有効性に関する議論の場は(メディアであれ学者の世界であれ)きわめてわずかしか与えられていない。そうした議論の場がないのはなぜかといえば、多くの聞き手を持ち、いい地位に恵まれ、ときには経済的に優遇された一部の専門家たちがこの点について、経済学が明確な答えを出したと主張しているためである。いま私たちは、労働市場の柔軟性や緊縮政策の実施をめぐる問題を前に、同様の構図をまのあたりにしている。

他にも失敗であることが判明したコンセンサスの例として、ワシントン・コンセンサスがある。この言葉は、ＩＭＦ、世界銀行、大学に所属する名高い経済学者たちが一致して発展途上国向けに発した勧告についての合意を言い表したもので、一九八九年に経済学者ジョン・ウィリアムソンが創案した。

シカゴ学派【ミクロ経済学的な手法をとる経済学者の一派】の系譜に連なるこれらの経済学者に

とって、発展の足がかりは「安定、民営化、自由化」にある。ワシントン・コンセンサスから生まれた政策は、とくにＩＭＦを通じて全世界に適用され、ＩＭＦは貧しい国々に、融資とひきかえに貿易の自由化、国営企業の民営化、規制緩和などの政策を実施するよう義務づけた。はたして結果は、経済面でも貧しい国民にとっても惨憺《さんたん》たるものとなった一注9一。

対して後進国の段階を脱した国々はワシントン・コンセンサスの勧告をまるで実施しなかった。韓国と中国がそのケースで、これらふたつの国は国家による介入と市場経済を組み合わせたモデルをうまく利用して経済発展を遂げたのだ。

たとえば、一九六〇年代に韓国は世界でもっとも貧しい国のひとつだったが、鉄鋼や造船などの部門で公企業の創設を決めた。公企業を国家経済の導き手にすることは、経済活動発展のために政府の介入を制限するようすすめるワシントン・コンセンサスの方針と正反対だった。さらに悪いことに、ＩＭＦと世界銀行の経済学者たちは韓国に対して、繊維産業のように安い労働力を必要とする製造業を専門にするよう指導していた。世界銀行は、貧しい国が公企業を使って自らの産業を始めることが突飛なことであり、失敗するに決まっているとして、援助する国々に対し、そうした計画に融資を行わないよう忠告し

た。しかし韓国政府は初志を貫き、とくに日本から融資を取りつけて鉄鋼業の計画を実現する。その結果、いま韓国はポスコ、LG、ヒュンダイ、サムスンといった世界的な大企業を生み出している[注10]。もし韓国がワシントン・コンセンサスの忠告に律儀に従っていたら、現在の発展はなかっただろう。それに、ワシントン・コンセンサスがすすめる方法を適用して発展した国は、アメリカをはじめとしてただのひとつもない。

腹立たしいのは、経済学者が間違いを犯したり間接的に危機的状況を生じさせたときに、その代償をけっして払わないことである。サブプライム住宅ローンによる危機で

[注9] E・ベールとF・コンバルヌーは、ワシントン・コンセンサスの勧告が一九八〇年から二〇〇〇年にかけて九八カ国の発展途上国に及ぼした影響を調べている。それによると、勧告を忠実に適用した国はそうしなかった国より高い成果を上げていないばかりか、調整によって社会が重大な影響を受けた。E. Beer & F. Combarnous,《L'impact du consensus de Washington sur les pays en développement : une évaluation empirique》, *working paper* Centre d'économique du développement, 2004.

[注10] Ha-Joon Chang, *23 things they don't tell you about capitalism*, Penguin, 2010.〔邦訳：ハジュン・チャン『世界経済を破綻させる23の嘘』、田村源二訳、徳間書店、二〇一〇〕

は、生まれながらに博識だとうぬぼれる一部の者たちによって人々の生活が破壊された。ＩＭＦが要請する構造調整政策についても同じで、そうした構造調整政策は対象国の国民を散々な目にあわせているにもかかわらず、依然として世界じゅうで適用されている。

いくつもの未来を想像しよう

経済は、確かな真実となりうるような強いコンセンサスに裏打ちされた中立的な科学ではない。理論モデルと実験は興味深い結果をもたらすが、経済学者でハーバード大学教授のダニ・ロドリックが的確に指摘するように、一つのモデルはあくまでも一つのモデルであり、全体のモデルにはならない一注11一。だから、どこでも使えて魔法のように効く奇跡の救済策があるなどと思ってはならない。真実を把握しているつもりの一部の経済学者が謙虚さを忘れて、何億人もの人々に甚大《じんだい》な影響を与えてきた。ここ三〇年をふり返ると、結果はひどいものである。一九八〇年代からの度重なる金融危機を経てギリシャに緊縮政策を課した構造改革は、主流派の経済学者だけが握っていると主張する科学的知見の名において、数百万の人々の生活を踏みにじった。経済思想を画一化しようとし、分析の多様性を封じ込めるこのやり方は悲惨《ひさん》きわまりない。それは、民主主義において、政治の代案はありうるが経済の代案はない、ということを前提とする―注12―。だが、子どもたちの未来のために覚えておくべき唯一のことは、「ほかに選択肢はない（"There is no alternative."）」と言ったマーガレット・サッチャー【一九七九年から一九九〇年までイギリス首相】のような政治家が述べることとは反対に、経済ではいくつもの選択肢や未来がありうるということだ。したがって、絶対的真実として示される事柄をためらわずに再検討し、話し合い、代案を要求し、そして、ある経済改革を突きつけられたときには、それが誰に利益をもたらすかを絶えず自問しなければならない。

―注11― D. Rodrik, *Peut-on faire confiance aux économistes – Réussites et échecs de la science économique*, de boeck, 2017.

―注12― 次のすぐれた著作を参照。B. Chavance, O. Favereau, S. Jallais, A. Labrousse, T. Lamarche, A. Orléan, B. Tinel, *A quoi servent les économistes s'ils disent tous la même chose?*, Les liens qui libèrent, 2015.

第2章

自発的な服従

自由な精神を支配するには、相手に思考の枠をはめなくてはならない。そしてこの枠は、誰にも再検討の余地を与えず、それを確立した者の利益を誰も妨げないほど堅固で、かつ自然なものに見えなくてはならない。経済学の歴史を振り返ると、対立するさまざまな思想とさまざまな理論が争ってきたことがわかる。そして時代によって、ある思想が他の思想を圧倒して支配的になる。

現在、支配的な潮流となっているのは新古典派経済学だ。この潮流は歴史的に、一八七〇年から一九一四年にかけてフランスの経済学者レオン・ワルラスやイギリスの経済学者アルフレッド・マーシャルといった著名な学者の著作によってまず発展した。これらの学者は、多少の意見の相違はあったが、みな市場を信頼し、市場には経済活動を調整する力があると主張した。彼らは自らの理論を認めさせ、失業の原因、市場の生産効率、国家による介入の限界といったことについてほぼ一致した見方を強いてきた。

自国の政策がこうした経済観に大きく左右されていることを想像できる者はまずいない。新古典派の経済観は、たとえば失業を労働規制のような厳格な取り決めの結果とみなす。それゆえ、失業を減らすには、労働市場をいっそう柔軟にすればいいと考える。これはイタリアでマッテオ・レンツィ元首相が、スペインでマリアーノ・ラホイ・ブレイ元首相が、フランスでエマニュエル・マクロン大統領が提案した政策である。

新古典派経済学が繰り返すもう一つのテーマとして、市場にはすぐれた機能があり、資源の最適な配分に役立つというものもある。これは欧州委員会が、資本市場連合に関する緑書ー注1ーのなかで推奨し、「解決策を見いだすのは市場の役割ー注2ーである」とし、その解決策を支持する姿勢と一致している。この種の論理は、数えきれないほど繰り返されるうちに、やがて大多数の人の心をつかんでしまう。思考の枠の目的はまさしくそこにある。つまり、議論に限界を設定し、それを守る者は「まじめな人たち」とみなし、他方、限界にとらわれず別の選択肢を持ち出す者に対しては、信用を失墜させ、「ユートピア論者」や「おめでたい夢想家」や「常軌を逸した危険人物」のレッテルを貼るのだ。しかし経済の歴史をふり返れば、思考の枠の境目が動く可能性があり、その境目は客観的に決ま

ー注1ー緑書は欧州委員会が刊行する資料で、特定のテーマについてヨーロッパ単位で考えさせることを目的とする。そして当事国に、委員会が発する提案の骨格に関する協議と討論に参加するよう促す。ときには緑書がもとになって、法律制定の詳しい説明が白書に掲載される。

ー注2ー欧州委員会、緑書「資本市場連合をつくる」、二〇一五年二月一八日、p.6。

るのではなく、そのときの力関係に左右されてきたことがわかる。

経済の歴史といわれなき脅威

ある思考の枠が別の枠に勝利するのは、勝つほうが負けるほうよりも真実に近いという理由では説明できない。経済学は累積的な科学ではなくかなり人間的なものであって、歴史の荒波や力関係に影響を受ける。言い換えれば、最新の経済理論が、先行する理論に欠けているものを補うわけではない。経済学の内部では対立する説が錯綜《さくそう》しているため、経済問題に用意される答えはひとつではない。だから、経済学はいくつものアプローチの可能性を持っている。時代によってそれぞれに異なる思潮が勢力を増し、政策にヒントを与え、やがて別の思潮に席を譲る。

たとえばアメリカ、イギリス、フランス（ほかにもそうした国はあるが）といった国では、経済を調整する方法は一九五〇年から一九八〇年の時期と、一九八〇年から現在までの時期とではっきりと異なる。一九五〇年から一九八〇年に特徴的だったのは、福祉においても投資戦略においても、国家に大きな役割を与え、価格と市場を統制し、成長の果実をよりよく分配しようとするケインズ的な考え方である。ところが一九八〇年以降は新古典派経済学に触発されたもっと自由主義的な考え方が優勢になり、減税や金融市場の規制緩和や民営化を推奨するようになる。

なぜ、またどのようなプロセスを経て、ひとつの思潮が世の中の議論をこうした形で支配するに至るのだろうか。たとえば第二次世界大戦の直後は、自由主義がナチズムとファシズムの台頭を許し、同じく人心掌握という意味で勝利を得たソ連という対立モデルが存在する状況のもとで、社会的な妥協がなされた。ヨーロッパ各地で共産党が躍進し、当時フランスでは第一党となった。本来、こうした動きは経済界を不安にさせ、社会学者で哲学者でもあるミシェル・クルスカールの言葉を借りれば、魅力ある資本主義を広めないわけにいかなくなるはずなのだが、福祉と再分配の性格をそなえた社会的妥協は、一九七〇年代まで続いた。その背景には、共産主義との力関係が存在していたものと思われる。

国家が管理する経済から一九八〇年代の新自由主義的経済に移った背景には、一九七〇年代の石油ショックがもたらした状況がある。そのころ大企業は同時に起こったふたつのショックに直面していた。まず、栄光の三〇年と言われる戦後の時代に一般家庭がまとめて設備を買いそろえたため、多くの部門で需要が飽和状態になって、販路が失われた。次に、石油価格の高騰によって生産コストが膨《ふく》らんだ。こうした状況のなか、経営者代表は融資を得やすくするため減税や金融市場の規制緩和を求め、さらに労働コストを下げるため労働市場の柔軟化を実現しようとした。

危機が生じると、たいていの場合、目前の力関係が組み直される。一九七〇年代の危機は、一般にいわれるように、経済が自由主義へ舵を切るきっかけになった。

一九八〇年から二〇〇八年の時期になるとこの考え方は極限にまで達し、世界最強の国であるアメリカは、給与水準を大幅に引き下げて企業コストを圧縮するとともに、サブプライムという低所得層向けの住宅ローンを設け、乏しい給料のままでも充分な消費ができるようにした。金融市場の規制緩和によって、返済されない借金は証券に変えられ、銀行を使わない「シャドーバンキング」と呼ばれる融資システムのなかに組み込まれた。このばかげたシステムが二〇〇八年の危機の原因である。ただこの危機は一九七〇年代の石油危機と違って、経済調整の新しい方法につながるような力関係の組み換えを生まなかった。むしろ、自由主義の考え方がいっそう強まったのである。

このように、思考の枠は、特定の時期の力関係と経済上の信念が入り混じったものである。歴史を見ると、どんな思考の枠も新しく登場する枠によって乗り越えられ、自明の理と思われたものが一〇年もしないうちに信頼性を失い、すたれてしまうことがわかる。もちろん、思考の枠が変わらないことが利益になり、別の選択肢の検討ができないほうが好都合な人々は、現行の枠をうまく利用している。私たちは別の政治的選択が話題になるたびに、また社会福祉政策の必要性が叫ばれるたびに、きまって誰かが多くの支障を想定して、どんな変更も不可能だと言い張る場面を目にしている。いま、議論を避けるためにいちばんよく持ち出されるのは、国際競争に伍《ご》していく必要性と、公的債務の大きさを問題にして圧力をかける手法である。これらは、有力者に好都合な制限を、文句を言わせず受け入れさせるための「いわれなき脅威」にほかならない。

思考の枠の尊重から集団的偽善へ

「合理的」な思考の枠が、抜け出せないほど強固になると、明らかになっている問題の性質と、それに対する打開策との間にずれが生じる。たとえば地球温暖化の問題がどれほど深刻で急を要することかはほとんど誰もが知っているだろう。また、この問題に取り組んで結果を出すには何をすべきかもわかっている。つまり再生可能エネルギーを普及させ、建築物の断熱を進めてエネルギーの浪費を減らし、地方に根ざした循環型の経済を推進し、製造業に生産と環境保護の両立を義務づけることだ。

しかし、異論を挟《はさ》む余地のないこうした解決策は、思考の枠を出なければ実行できないため、その可能性を否定されている。こうした解決策の実現には、民間企業が進出したがらない関連産業に多額の公的資金を投入し、エネルギー産業や製造業に強い拘束力のある命令を下さなくてはならない。だが、新古典派経済学の流れをくめば、温暖化対策に予算をあてることは公的債務を増やすうえに効果も薄く、企業は束縛されて経済全体が硬直し、市場の働きが損なわれることになる。このようにして、可能なはずの解決策は壁にぶつかり、思考の枠の力に左右されてしまう。

主流を占める考え方では、市場の低迷を打開するためにいくつかの誘導策や制限が設けられる。それが、カーボンプライシング【炭素に価格をつける仕組み】、環境税、再生可能エネルギーへの助成金など、地球温暖化に立ち向かうためにいま用意されている手段である。これらの措置にはみなある程度の効果があるけれども、気候変動の対策に必要な水準を大きく下まわっており、問題の核心に取り組まずにごく一部だけを緩和するにすぎない。

そもそも、『ネイチャー・クライメイト・チェンジ』誌に掲載されたアメリカの研究論文によれば、いまから二一世紀末までに気温上昇を二℃以下に抑えられる可能性はおよそ五％だという[注3]。ここで明らかにされているのは、気温上昇を二℃以下に抑えるという明確に設定された目標と、思考の「枠」のなかでかろうじて実行できる対策との間にはかなりの隔たりがあることだ。

国際社会が歓迎したパリ協定の文言には、こうした矛盾がはっきり現れている。望まれる見通しは冒頭に表明されている。いまから二一世紀末までの気温上昇を二℃に、できれば一・五℃に抑えることだ。ところが文言全体を通して、温暖化のおもな原因である「化石燃料」という言葉は出てこない。航空輸送や海上輸送という言葉もない。国家にも多国籍企業にも、何らかの義務が課せられているわけではない。なぜだろう。それは問題の核心に立ち向かうと、経済界の膨大な利益に影響を与えるからだ。ここにも現行の思考の枠

[注3] A. E. Raftery, A. Zimmer, D. M. Frierson, R. Startz, P. Liu,《Less than 2℃ warming by 2010 unlikely》, *Nature Climate Change*, 2017, vol. 7, n°9, p.637-641.

がけっして変わらないよう、てこでも動かない人々がいる。彼らはロビー団体に資金を出して、思考の枠がさらに強くなるよう計《はか》らっている。自分たちにとって都合の悪い別の選択肢が想定されないようにしているのだ。

だからこそ、この巧妙なやり口にだまされないために、その詳細を見きわめる必要がある。このような歪《ゆが》んだルールを受け入れるわけにはいかない。差し迫った課題に対応できないような施策を甘受するわけにはいかない。優先すべきは目的であって、揺るぎないとされるルールを守ることなどではないのだ。

私たちは毎年、氷床《ひょうしょう》の融解や、異常気象の頻発や、何千万人もの気候難民といった、地球温暖化で生じた課題に直面している。それだけに、毅然《きぜん》とした行動が求められる。しかし思考の枠は、産業界に堅実な対策を強いることを望まず、フランスやアメリカでは「毅然とした行動」とは逆に、環境基準の一部を緩和する措置がとられている【注4】。また、再生可能エネルギーの促進や建築物のリフォームが、温暖化対策に有効なだけでなく国内雇用を創出するというのに、これらふたつの活動に公費が投入されて赤字がふくらむことを望まない。こうした状況のなかで、二次的な解決策ばかりが残ることになる。諸々の事情を知っていながらそういう解決策を実施することは偽善にほかならない。

すぐれた資質を持つ人々を含めてたくさんの人々が、たとえその枠が不完全でも思考の枠にとどまることを、方針転換して行動を起こすよりも好んでいる。たとえば、高等教育機関を卒業したある若い企業家は、大気汚染の原因を解消するよりも、自らの安全なジョギングのために汚染の少ない地区を検索できるアプリを開発することを選んだ。

またこんな例もある。地球温暖化をめぐるシンポジウムで、元老院議員のファビエンヌ・ケレールと私が議論していたとき、二三歳の女子学生から意見を言われた。「あなたのお話は面白いですが、トタル【フランスの大手石油会社】で研修している私からすると、再生可能エネルギーの促進にあたって、収益性、そして金融上の重大な課題があることをわきまえるべきだと思います」。これほど若く、高い教育を受けた女性が、どうしてこんなに体制寄りの発言をするのだろう。問題は、これらの骨抜きにされたルールを受け入れることで、私たちもまた自らを取り巻く状況の加担者になってしまうことだ。そうならないためには、できるだけ早くこの思考の枠から出なければならない。事実と行為との不一致は、

注4　マクロンは住宅建設を促すために社会規範と環境規制を緩和する予定で、トランプはオバマ政権が自動車メーカーに課した環境規制を撤廃した。

気候変動懐疑論が、気づかぬうちに少しずつ根を下ろしていることを意味する。

このようにすすんで偽善に陥る危険はあらゆる場面に見られる。たとえば失業問題では、ヨーロッパで求職者が激増しているのは不況のせいだけではなく、二〇一一年から始まったユーロ圏での緊縮政策にもよる。つまり原因は、成長を支えるよりも赤字の削減を急ごうとする不適切な経済政策にある。それなのに私たちはなぜ、失業の原因があたかも労働法の中身にあるようなふりをするのか。

労働法は二〇〇八年以降、大多数の国で大きく変わってはいない。二〇〇八年以降、失業者が三〇〇万人増えたスペインと一〇〇万人増えたフランスはなぜ、小売店の日曜営業を話し合うことに時間を費やしたのか。それは単に、現実を直視すると、緊縮政策がうまくいっていないことを認めるほかなくなるからだ。さらに悪いことに、ユーロ圏全体は惨憺たる現実に直面し、リーマンショック以前の経済水準を取り戻すのに(アメリカが四年要したのに対し)ほぼ一〇年を要し、いまなお多くの地域が二〇〇八年よりも貧しいままである。緊縮政策が失敗だったことは事実を見れば明らかなのだが、間違っているのは事実であって、実施された政策ではないとされる。そのため、失敗に終わった政策をさらに続行しなければならなくなる。

歴史を振り返ると、力関係の働きによって経済の調整方法が編み出され、可能性の枠組みが定められてきたことがわかる。その合理的な調整方法においては、つねにそのとき経済システムを動かしている原動力が守られる。これこそがまさに、思考の「枠」を決める役割なのである。

経済のこのような動き方をうまく利用している大企業の目的は、現在の状況ができるだけ長く続くようにすることだ。だからエリートたちはこの考え方を選ばなくてはならない。そのようなケースとして、経済教育のなかで特定のテーマ、たとえば経済思想の歴史、保護主義が果たしてきた役割、国家の介入の重要性、富裕国の発展に対する公共支出の貢献などが意図的に遠ざけられたり隅に追いやられたりすることがある。地球温暖化のテーマでも同じことが生じていて、効果的な対策があるのに、それらが大企業の利益に反するという理由で採用されないのである。だが過去の歴史には、その時々の力関係によって、経済システムの調整方法がいくつも存在した。永久に確かなものなどひとつもなく、行動で物事は動くのだ。自分自身の思考の枠を持つことが、状況を変える第一歩となる。

第3章

個人のサクセスストーリーという神話

莫大な富を手中にしているひと握りの人々にとっては、自分がその境遇にふさわしいと信じさせるのが得策だ。その他おおぜいの人間を支配する最良の方法は、運命が本人しだいであり、成功も失敗も本人ひとりに原因があると、動かしがたい真実のように認めさせることである。こうした作り話はどこにでも存在する。

政治家、実業家、芸術家、スポーツ選手を扱う評伝や放送番組は、彼らの成功の要因を、その背景にある社会制度よりも、彼らの個性に求める。富裕層に甘い税制は、高額の資産を所有者の才能によって築かれたものと認めるものであり、したがってそれに課税することは盗みに近い行為だ、という考え方の表れである。失業者を怠け者とみなし、その尊厳を認めない政策においては、失業者は徹底的に管理されるべきで、管理から外れた場合は失業手当が減るようにする。こうした政策は、個人の運命は個人の責任によるという基本的な信条をベースにしている。しかし実態はかけ離れている。現実には、個人の意志の程度は社会の営みの前ではそれほどの重みを持たないのだ。

経済学と個人

経済学はこれまで、運命の唯一の責任者は個人であるという説を正当化するために努力を惜しまなかった。しかし初めからずっとそうだったわけではない。この選択は、二世紀以上前からいくつかの思潮が対決を繰り返してきた結果である。

一八世紀、政治経済学の創始者とされるアダム・スミス─注1─は『国富論』と題する著作を発表した。そのなかでスミスは、国家の富の起源を知ろうとして徹底的な調査を行っている。スミスの思想の展開はイギリスの産業革命を前提としているだけでなく、当時の

─注1─ 先行世代の重農主義者たちが富の起源を神から与えられた大地だと主張したのに対し、アダム・スミスは富が人間の労働から生まれると唱え、政治経済学の創始者とみなされることになった。スミスは経済学からあらゆる宗教的側面を取り除き、合理的な分析を提示した。ただし、個人の自分本位の利益が全体の利益につながるとする「見えざる手」の概念に人の心を迷わせる面があるのは確かである。

経済政策を理念として正当化している。

彼は、生産された富を資本家・金利生活者・労働者という三つの階級に分配するという課題を分析の中心に据えた。当時は厳密な意味での個人という概念はまだ存在せず、個人を含む階級が扱われていた。スミスは利益を経済の原動力ととらえた。ところで、最大限の利益を引き出すためにもっとも重要な役割を担うのは資本家である。利益のために、資本家はできるだけ労働者の給与が小さくなるよう工夫する。この過程で現れたのが生活賃金という概念だ。最低賃金の原型であるこの概念は、労働者が（その子どもたちが未来の労働者になれるよう）自分と家族を養い、しかるべき境遇で工場での仕事ができるようにするものだった。

他方で、生活賃金は決して、労働者に貯蓄の余裕を与えていつの日か資本家になるチャンスを許すものであってはならなかった。つまりスミスは、労働者と資本家というふたつの社会階級をはっきりと区別して考えていたのだ。そもそもスミスは経済に格差を助長する性質があることを認識しながら、それを必要とみなした。そして最後には富の蓄積によって「もっとも貧しいイギリスの労働者も、インドの王族より裕福になる」と主張した。これは、後にトリクルダウン理論と呼ばれることになる。スミスは、資本主義経済は階級間の格差のうえに成り立ってはいるが、最終的には、生み出された富によって万人が利益を得ることになると考えたのである。

階級間の対立をいわゆるウィンウィンの関係にあるとするこの見方を出発点として、カール・マルクスは一九世紀に『資本論』において搾取《さくしゅ》の理論を展開し、階級闘争の土台を築いた。マルクスによれば、資本家は生産手段を持つことによって労働者を支配する。労働者にできるのは自らの労働を売ることだけで、その他のことは資本家に任せるしかない。資本の所有がもたらすこの不均衡によって、資本家は、給与の対価以上に長く働かせることで労働者たちから搾取する。

以上のことからマルクスは次のような重要な事柄を指摘した。かりに労働者が、生産した分だけ給与を受け取るとしたら、資本家にとって利益は生じない。それゆえ、労働者が稼ぎ出す金額より少ない給与を支払うことが資本主義の論理である、と。『資本論』でマルクスは、階級間の対立の激しさと資本家による労働者支配のありさまを説明し、労働者が搾取されればされるほど、資本主義に対する彼らの抵抗が強まると述べている。アダム・スミスと古典派経済学者たちの経済理論の正体が、マルクスによって暴かれたのである。

マルクスの証明が多くの支持を得たことで、古典派の経済学者たちはどうしても反撃せざるをえなくなった。猛攻撃を仕掛けたのは、一九世紀末に現れた「新古典派」だった。新古典派は階級間の力関係という概念の信用性を揺るがし、分析の中心を個人に、そして市場の機能に置く。さらに、現実味の乏しい仮説をともなう精巧な理論モデルを持ち出して、経済学に中立的科学の衣を着せようとした。

新古典派の草分けともいえる経済学者ジョン・ベイツ・クラークは、各生産要素は限界生産力【資本についてなら資本、労働力についてなら労働力だけを一単位増加させたときの追加的産出量】に応じて報酬を受ける、つまり、各々は自らが生産したものに応じて報酬を受けると主張した。そう考えると、給与を左右するのは資本家と賃金労働者の間の力関係ではなくなり、賃金労働者自身の能力ということになる。賃金労働者が有能なら高い給与を、逆であれば低い給与を受け取るというのである。

新古典派は、マルクスが古典派に対して発した批判に答えたことになる。古典派は、富を蓄積する資本主義の本質、すなわち資本家による労働者階級の搾取を記述することを怠ったため、マルクスの批判を受けることになったが、新古典派は、搾取の問題を削除することで、ミクロ経済学、つまり個人の意思や行動を研究する経済学の基礎を築いた。この手法によって給与は労使の力関係や搾取に左右されるのではなく、労働における個人の価値（生産性）によって決まるとした。そのように考えれば、マルクスの分析が強調した支配する者とされる者という関係を退けることができるわけだ。

ホモ・エコノミクスとも代表的個人とも呼ばれる個人は、こうして、経済分析においてしだいに重要な地位を占めるようになる。新古典派は既存の経済体制を理論的に肯定しているので、ブルジョワ階級（有産階級）はマルクスの分析に基づく労働者の要求に対抗するために新古典派の主張を利用した｜注2｜。

たとえば、一九〇〇年以降の新古典派の主張が支持されたのは、革命が差し迫っているという不安によるところが大きい。そのころから経済学者は、個人というものは「合理的」存在であり、生まれたときの階層に縛られず、自身で目的を決めて行動するものだと一般向けに説明している。なぜならば、個人は生涯を通じて、目的に達するよう、適切な判断を下すはずだからだ。つまり仕事のことを考えて勉強を続け、労働市場における自らの人

｜注2｜F. Etner,《La fin du XIXe siècle, vue par les historiens de la pensée économique》, *Revue d'économie politique*, vol. 114, n°5, p.663-680, 2004.

的資本の価値を高めれば、将来の給与が上がるし、仕事と遊びのバランスを的確に判断すれば、消費もうまくできる、というわけだ。この世界観においては、個人の運命は自らの選択に委ねられている。適切な判断をするのはあくまでも本人である。こうした主張に一定の意味があるのは確かだが、社会的にどんな環境で育ったかが選択に影響する場合が多いことを、この経済分析は考慮に入れていない。これは大きな欠陥である。

イーロン・マスク、スティーブ・ジョブズ、マーク・ザッカーバーグといった成功者はなぜ(きまって)アメリカ人なのか

現代の大富豪、人生の成功者といえば、イーロン・マスク、スティーブ・ジョブズ、マーク・ザッカーバーグの名前が思い浮かぶ。若くして巨万の富を得たこの三人の伝記はみな、並外れた個性の持ち主が瞬く間に出世したというおとぎ話を提供している。世の人々は子ども時代の彼らに、稀有な才能の兆候を探しあてる。ある元教師は、何かを成し遂げようとする意欲にあふれ、じっとしていられないタイプだった教え子の姿を語る。大学の友人たちは、かつての友の、すでに学生時代にうかがえた指導者の資質を証言する。そして最

後に、妻が愛の物語と、どんな出世にも欠かせない要素として、自分がどんなふうにパートナーを支えたかを話す。このあたりが、たいていの場合、若き経営者たちの経歴の甘ったるい紹介方法だが、それはおおむね本人と近親者の記述にとどまっている。成功の原因は、とくに起業家精神をはじめとする個人の性格や資質のほうに求められ、彼らを成功に導いた条件は視野に入らない。

起業家精神さえあれば成功するというなら、世界でいちばん成功者が輩出するのは発展途上国のはずだ。発展途上国の人々は、雇ってくれる国営の大企業を持っておらず、たいていは多国籍企業の、給料が安く熟練を必要としない職場で働く。彼らは、小規模の計画を始められるにすぎない（しかも高金利の）マイクロクレジット以外は、企業を立ち上げるための融資を受けることができない。彼らが公務員である場合、給与はたいてい低く、しかも遅れがちだ。

それで、こうした制度上の機能不全を穴埋めするために、彼らはみごとな創意工夫で、生きていくための新たな仕事を編み出している。たとえば駐車場の守衛、交通の監視、あらゆる品物の修理、あらゆる分野にわたる手伝い仕事などである。経済活動ができる場所はくまなく利用され、わずかでも金になることはすべて新しい業務になる。このように起業家精神は最大限に発揮されているが、残念ながらこれらの国からイーロン・マスクのような人物はひとりも生まれないだろう。

それはなぜなのか。彼らの知的能力が劣っているからでは決してない。その理由は、彼らに教育の機会、必要な資金の調達手段、ふさわしい経済環境がないからにすぎない。アメリカの投資家で富豪のウォーレン・バフェットは、その点について的確な発言をしている。「私個人としては、自分が儲けてきたものの原因が相当の割合で社会にあると考える。もしバングラデシュかペルーのような国に置かれたら、私の才能はやせた土壌に働きかけなくてはならず、たいしたものは生み出せない。三〇年たっても、きっとまだもがいていることだろう」―注3―。

個人の成功には社会の環境が大きく影響している。なぜならそれは国が実施する政策や、制度や、生産資本・人的資本・社会資本に左右されるからだ。たとえばスティーブ・ジョブズを見てみよう。iPhoneの成功は、ジョブズのすぐれた資質だけによるものではない。インターネット、タッチパネル、GPS、音声認証などの新しいテクノロジーがなかったら実現していなかっただろう。こうした技術革新の生みの親はみなアメリカの公的部門で、インターネット、GPS、音声認証は国防総省の研究プログラムの一環として開発され、タッチパネルは公的融資を受けた大学教授と彼の研究生によって発明された[注4]。

したがってiPhoneはスティーブ・ジョブズの才能だけでなく、前もって公的に行われていた長年の研究と投資があって実現したのである。そのようなアップルの歴史はほとんど語られず、代わりにジョブズの驚くべき生涯と類いまれな資質が話題になる。この種のストーリーテリングは、築かれた富をその環境から切り離し、富裕層に甘い税制を公正とみなしたり、ひいては税金逃れに寛容さや理解を示したりする姿勢の重要なよりどころになっている。

また、ジョブズのように卓越した経営者がいたとしても、創業の地がアメリカ以外の国であったらアップルは成功できなかったはずだ。テクノロジーの分野でアメリカが他のど

注3 | J. Lowe, *Warren Buffet speaks : Wit and Wisdom from the World's Greatest Investor*, New York, John Wiley, p.164, 1997.

注4 | Mariana Mazzucato, *The entrepreneurial state : debunking public vs private sector myths*, public affairs, 2013.

の国よりも成功しているのは、一連の技術革新に先立って公的投資がなされ、起業家が先端技術を利用して商品化できるような市場を早い時期から国が作り、整えていたからである。起業家たちは高い税金を嫌悪するが、実際には、彼らの繁栄は税金によって支えられている。彼らの成功に必要な環境は、国家がよく吟味して政策を実行することで作られるのだ。

失業者はどのように自分の責任だと決めつけられてきたか

成功の対極にある失敗もまた、個人に原因があるとされる。失業の原因は本人の行動にあるのだから、失業した個人に対しては、失業手当を減らすことで求職行動を促し、求人を二件以上断ることを禁止して正しく誘導し、失業者がほかの仕事を望んでいてもおかまいなしに、成長中の産業の労働需要を満たすため職業教育を施さなければならない——失業問題を個人レベルのものとするこの考え方は、経済理論としてはまだ探求中のものである。主流をなす新古典派経済学は、労働市場が提供する給与に応じて、個人が労働と遊びとのバランスを判断する、と説明している。個人が給与を満足できる額と思うなら、遊ぶ時間を削って働くことを嫌がらない。逆に給与に不満なら、遊びを選んで「自発的な失業者」となる。新古典派においては、失業はこのように、遊びと仕事との間で個人が自発的に選択を行った結果なのである。

しかし現実には、理論の背後に、道徳的な価値観を広めようとする意図が隠れている。安い給料に文句を言わない「勤勉な労働者」がいる一方で、給料が同じでありながら遊ぶほうを好む「怠け者」がいると見るのだ。本人に運命の責任があるとして失業者を非難する姿勢の源は、経済学のこのような見方にある。主流派経済学における失業問題の取扱いには、失業者を怠惰とみなして烙印を押す「道徳的」な見方がひそんでいる。それで、失業者には罰則や義務を課して、怠惰でなくなるよう促すのである。

失業者に対するこのような見方は、先進国に暮らす私たちの最初に抱く先入観にも強く反映している。結局のところ、二一%というギリシャの失業率は、ギリシャ人が何もしない（しかもユーロ圏に入るために収支をごまかすほど不実な）国民だからだ、と理解されているのではないか。つまり、太陽と海が彼らを仕事より遊びに駆り立てている、というわけだ。それとは逆に、ドイツの失業率の低さはドイツ人の堅実な性格と、立派な仕事を心がける姿勢の現れだとみなす。

欧州委員会はこのような高級官僚的考え方に基づき、ギリシャ人により長い時間働くよう義務づけ、失業手当と退職年金を減らしているのではないか。エリートたちがドイツを模範として称え、隅々までドイツをまねるべきだと強調するのも同じ考えからではないか。しかもエリートたちはあらゆる反論をほとんど許さない。ここには、専門的な言葉遣いの背後に隠された先入観と、経済的に遅れをとる国に対する罪悪感の押しつけがある。

だが、こうした失業者のイメージは破綻《はたん》している。ここで留意しておきたいのは、「怠惰の流行」がまるで偶然のように、一九二九年と二〇〇八年というふたつの大きな金融危機の時期に当たっていることだ。このふたつの時期に多くの人々が働くよりもぶらぶら過ごすことを選んだのはいったいなぜか。どうして二〇〇八年以降、フランスで一五〇万もの人々が仕事よりも失業を選んだのか。またどうして同じ時期に、三三〇万人のスペイン人がフランス人と同じ行動に、つまり働かないで遊ぶという行動に出たのか。こうした各個人の行動の根拠は何か。

過去であれ現在であれ失業を経験した人々は、怠惰を持ち出す理論があいまいなこと、失業が個人の選択の結果ではなく、たいていの場合、そのときに課せられた状況であることを知っている。さらに、そうした状況をもたらした第一義的な責任は経済政策にあることが多い。たとえばユーロ圏の国々は二〇一一年以降、国の赤字を早めに減らす選択をしたため、明らかに雇用を犠牲にする判断を下した。ヨーロッパの政治指導者たちが緊縮政策を実施すると、経済活動は縮少し、結果として失業が増加した。同じころ、アメリカはまったく逆に、赤字が拡大することを承知で経済成長を支えた。

さらに嘆かわしいことに、ヨーロッパではこのばかげた経済政策が実施される前の二〇一一年、GDPが二〇〇八年の危機以前の水準をほぼ取り戻していたのである。つまりヨーロッパの指導者たちは回復の芽を摘み、わざわざユーロ圏の危機を作り上げてしまった。ユーロ圏は二〇一六年になってようやく危機以前のGDPの水準を取り戻した。

失業が増加した原因は何よりもまず、経済上の愚策にあるのであって、失業者の意欲が足りなかったからでも、職業訓練に不備があったからでもない。つまり問題は経済政策のレベルであるマクロ経済学的なもので、失業者のレベルであるミクロ経済学的なものではない。責任はユーロ圏の指導者たちにあり、失業者は経済政策の犠牲になったのだ。

一般市民にとってマクロ経済学的な政策は抽象的でわかりにくいので、上述した失敗の本当の責任者である政治家たち（アンゲラ・メルケル、ニコラ・サルコジ【二〇〇七年から二〇一二年までフランス大統領】をはじめ、ユーロ圏の諸条約を再検討することなく追認した他の政治家たち）は弁明を迫られなかった。ユーロ圏の運営の惨状という最大級の経済的失敗について、責任者に問いただすことはすべきでないとみなされている。

逆に、失業者に向かって、自分で責任を負うべきだ、誠意を見せるべきだ、自分の技能が生かせない職であっても受けるべきだ、文句を言うな、興味がなくても職業訓練に従うべきだ、非正規雇用を受け入れよ、と言うのはまっとうとされる。経済学は、よい経済政策へと導く道具（ツール）をもちあわせており、それを使えば雇用を創出し、エネルギーシフトに着手し、負債も減らせるだろう。しかし政治家は、そうした道具を使わなかったり使い方を間違えたりしても、弁明を求められないのが現状である。

自ら失業を選ぶ者などいない。右のような侮辱的な政策を擁護する人々はおそらく、一度も失業したことがないのだろう。さもなければ、失業が生活を破綻させること、失業した人が自分に非があると感じてしまうこと、失業によって家庭が不安定になり、離婚に至る場合があること、失業のせいで孤立し、自殺に追い込まれるケースがあること―注5―を知っているはずだ。また失業には、その原因を失業者自身に求めがちな風潮にさらされるだけになお、毎日、耐えがたい恥がともなうことを知っているはずだ。

しかし、境遇の責任を当事者本人に負わせることは経済的にナンセンスである。失業中の人はどんなに意欲があっても、景気がよくなければ職を見つけにくいし、逆に好景気であれば「怠け者」でも職にありつけるだろう。つまり個人は本質的に不安定で、好況と不況が周期的に訪れる経済に影響を及ぼす力などまったく（あるいはほとんど）持っておらず、むしろ経済上の不測の事態にさらされるのが常なのだ。経済の安定を図るため政策の選択肢を使うのは政治家の役目である。ここ三〇年ほどのケースによく見られるように、政治家がまずい選択をすると、働く人々が被害をこうむることになる。だから原因と結果を取り違えてはいけない。失業者は犠牲者で、危機に苦しみ、政治家の判断ミスの被害者なのである。

成功にせよ失敗にせよ、その原因が個人にあると断定するのはごまかしにほかならない。実際には、個人の社会的・経済的境遇の七五％が社会によるものと説明されている注6。もちろんなかには例外があり、個人の力で成功を遂げた驚くべき経歴の持ち主も

注5 Michel Debout, *Le traumatisme du chômage*, Fondation Jean Jaurès, éditions de l'atelier, 2015.

いる。そういう人は上層階級のグループの話題を集め、スーパーヒーローや運命を切りひらいた人物としてもてはやされるだろう。

だが現実には、社会が再生産を繰り返すなかで、個人の意志はたいした重みを持たず、「やろうと思えばできる」という言葉を強調することは、何よりも、支配階級にその境遇の正当化を許す巧妙な方法なのだ。支配階級はこの方法のおかげで、自分たち以外の人々への貢献をできるだけ減らすようにする。何もかもが自分の力で得たものなのに税金を払う必要がどこにあるのか、と彼らは考える。失業者については、予算の運用方法も、ユーロも、経済の金融重視も、自由貿易も素通りして、その責任が当事者だけに負わせられる。ユーロや自由貿易は、高等教育機関《グランゼコール》で経済学を習った政治指導者たちにとっては崇拝すべきものなので、それらを批判するよりも人々の生活を犠牲にするほうを選んでしまうのである。

注6 G. Clark, *The son also rises: Surnames and the history of social mobility*, University Press, 2014.

第4章

労働市場

——終わりも成功もない改革

「組合も労働法も雇い主に雇用を促しているわけではない。にもかかわらず、労働市場を柔軟にした国はきまって繁栄を維持している」。よく聞かされる言葉である。三〇年以上前から、こうした耳あたりのいい言葉が、新自由主義の経済学者や論説委員、専門家や、働く人々の健康より金融市場の健康を気にかける銀行家、シンクタンクや保守系社会民主主義政党のリーダー、そして自らの利益の擁護を明言する経営者団体によって、果てしなく繰り返されている。

しかし現実はまるで違う。南ヨーロッパの多くの国は労働市場の柔軟性を高めるためにいくつもの改革を行ってきたが、失業は減らなかった。企業は利益を増やしただけで、雇用を生み出しはしなかった。金融市場は立ち直ったが、実体経済への影響はなかった。大企業の幹部と資本家はさらに金持ちになったが、貧困層の境遇は改善されていない。経済学者たちはそれでも、解決策はこの路線をさらに推しすすめることにあると主張する。しかし現実には、経済においては理論面でも実践面でも、労働市場の柔軟性と失業の程度との間につながりはない。

改革、改革、また改革

現在、ほとんどの人は、失業を克服した国は労働者を柔軟に活用できるように改革を行った国で、失業率が高い国は必要とされる改革に取り組んでいないと思っている。改革を嫌う問題児のような国としてよく引き合いに出されるのがフランスだ。

たとえばフランス版『エコノミスト』誌編集長ソフィー・ペダーの著書は『フランスの拒否——ヨーロッパ最後の問題児』と題されている[注1]。ところが実際には、フランスは三〇年以上前から継続的な改革を進めている。一九七二年には臨時雇い(パートタイムの雇用)を法律で認め、柔軟に使える労働力を求めていた経営者らに応えた。一九七九年には、労働法に有期労働契約(CDD)が導入された。また、建設にたずさわる労働者を対象とした作業契約をはじめとする一時雇用の契約が創設され、企業経営者の要求が実現

注1 S. Pedder, Le déni français - Les derniers enfants gâtés de l' Europe, JC Lattès, 2012.

された。

これらはみな着実な成功をおさめた。一九八〇年以降、パートタイマーは五倍に増え、CDDは四倍に、研修と雇用援助金契約は三倍になった。二〇〇〇年から二〇一三年にかけては、雇用を守るための一七もの改革が実行に移された。改革の数は、失業保険、最低所得保障制度、就労支援といった労働市場にかかわる分野全体を含めると一六五に上る。結果として、現在、新たな雇用の八七％がCDDの形でなされ、CDDとパートタイマーによる賃金労働者は不安定な条件に置かれたままで、こうした雇用形態が持続的な就労への足がかりになることはほとんどなく―注2―、どの世代も前の世代より不安定な仕事に就いている。

フランスの労働者は韓国と同じくらい保護されているが―注3―、それでも失業は増えつづけている。にもかかわらず、労働市場は硬直していると発言する者がいる。

人々は嘘に気づいている。無期限雇用契約で働いていようと、非正規雇用で働いていようと、あるいは失業中であろうと、こうした改革が、自分たちの状況を改善しないことを多くの人は理解している―注4―。

安定した正規の職に就いている人でも、政府が人員削減を後押しすれば、会社を解雇されるおそれがあると考える。その人は第一に、会社の活力が自分ひとりの仕事に左右されはしないことを知っている。第二に、これまで勤めてきた経験から、会社が成果を上げるときもあればそうでないときもあることを知っている。第三に、会社の活力が国内情勢と国際情勢に左右されることを知っている。第四に、二〇〇八年、アメリカ発の危機によって業績が著しく低下したことを知っている。第五に、業績が悪いとき会社が利益を確保するため人員削減を行うことを知っている。第六に、労働法によって人員削減の条件が緩和されると、会社がいっそう解雇に踏みきることを知っている。

非正規雇用で働く人々や失業者の目的は、安定した職を見つけて将来の展望を持ち、住まいを用意し、計画を立て、休みには旅行をし、職を失う心配から解放されることである。

注2　INSEE（国立統計経済研究所）, *Emploi et salaires*, 2014.

注3　OECDによる二〇一三年度の無期限雇用契約で働く人の個人・団体解雇に対する雇用保護に関する指標より。

注4　フランスやスペインだけでなく一時期はイギリスでも激しいデモがあったことは、労働市場の大がかりな改革が抗議行動を引き起こしながらなされてきたことを示す。

非正規の契約を重ねる人の誰ひとりとして、いまの境遇が常態になると告げられたくはない。誰も不安定な雇用を望んでいない。つまり、ほとんどの人は労働市場の改革を望んでいない。自分たちはそうした改革の影響を受けないと知っている人間だけが、改革を宣伝し擁護するのだ。そしてそういう人間は、誰も望まないことを引き受けさせるために、国際的な比較データや学問的研究を持ち出す。

ほかの国がやっているときに改革を拒絶するのは、グローバル化から切り離された空間のなかで生きようとすることで、もっと言えば、みなにとって何がよいことかを理解する能力がないことだ、というわけである。計画の提案を受け入れないと、事情がわかっていないとみなされるか、納得するまで延々と改革の意義を説明されるかである。そして事情を完全に理解していながら賛成しないと、問題児扱いされる。

間違いだらけの学問的研究と国際的比較データの論法

どんな研究データを見せられたとしても、すぐ真に受けてはいけない。なぜなら、この問題についてはどんなコンセンサスも成立しないからだ。労働市場の柔軟性と雇用創出の関係は、関係があると論証した研究と関係を否定する研究が同じくらい存在する。OECD（経済協力開発機構）のような国際機関でさえはっきりした考えを持たず、その時々で異なる見解を示している。

たとえば一九九四年、OECDは世界各国にそれぞれの労働市場の規制緩和を命じた［注5］。ところが一〇年後、OECDは考えを変え、就労支援のレベルと失業率との相関関係を立証するような計量経済学的研究はないと表明した。パリ第一パンテオン＝ソルボンヌ大学の研究者ミュリエル・プッチとジュリー・ヴァランタンは、労働市場の柔軟性と失業率の低下との関係について書かれた文献全体の調査を行った［注6］。そして、この問題にコンセンサスが見られないことを確かめた。また、フランスの首相に助言を行う経

［注5］OECD, *The OECD jobs study – facts, analysis, strategies*, 1994.

［注6］Muriel Pucci & Julie Valentin,《Flexibiliser l'emploi pour réduire le chômage : une évidence scientifique ?》, *Connaissance de l'emploi*, n°50, janvier 2008.

済分析委員会（CAE）についても同様で、CAEは二〇一五年に、この問題に関する理論と経験に基づく研究を総括した報告のなかで次のように述べている。「就労支援のレベルと失業率については、証明されている相関関係はない」［注7］。つまりこのことに関しては、これといった明確な答えが存在しないのだ。

国際的比較についても、流布している主張は一本調子で新味がない。すなわち、改革を成し遂げた国は失業率が低く、人々は幸福で、活力ある社会に生きている。国際競争に臨むうえで改革は必要である（いずれ「誰のために必要なのか」を問わなければならない）。

国際的比較はたいてい、いかにも不思議なやり方で提示される。同時に、地理的に遠く離れたふたつの国を比較する場合、国民にとっての改革の成果とされるものを具体的に確かめるのは難しい。さらに、フィールドワークを行う研究者はおもに大都市を短期間で見るだけで、都市から離れていることが多い経済危機の犠牲となった地域に立ち寄ることはめったにない。

各国のデータや国際比較に意味がないことは、各国の現状を見てもわかる。

フランス人はこれまでイギリスを称賛してきた。あの自由なる国は、経済自由化を理由に欧州委員会から長期にわたって模範とされ、フランス人をはじめ、イギリスの金融界で働くため外国からやってくる外国の才能を愛し（彼ら、イギリスに滞在する金融ビジネスマンには、選挙のたびに、自国へ戻ってきてくれるかという質問がなされる）、失業率を五％以下に抑えている。この姿は、イギリスのＥＵ離脱の投票結果が出た二〇一六年六月二四日の朝までは陰ることがなかった。

この日、イギリスモデルを擁護してきた人はみな、自分たちが抱いていた牧歌的なイメージのイギリスと現実のイギリスとの落差をまのあたりにしたのだ。二〇〇万人が不充分な栄養状態にあり、一〇〇万人がゼロ時間契約（週あたりの労働時間が明記されない雇用契約）で働き、地方によっては公共サービスがほとんどなく、失業に見舞われた地域がいくつかあり、三〇年ほど前から所得格差と地域格差が増大しているのがイギリスの現実である。フランスは、それまで明かされることがめったになかったイギリスモデルの裏面を見いだしたのだった。

もうひとつの模範とされるアメリカについても同様で、人口の一％が国民所得の二〇％

注7　CAE,《Protection de l'emploi, emploi et chômage》, *Focus*, n°003, 2015.

を手に入れている（フランスは国民所得の一一%、それでも巨額だが）。一九八〇年代に当時のレーガン大統領が自由主義改革を行った結果、ここ三〇年で人口の一%が所得を一五〇%増やしたが、人口の九〇%は所得が一五%増えただけだった［注8］。

大多数の給与はきわめて低いので、消費を支援するために貧困層向けの融資制度――かの有名なサブプライム住宅ローン――が作られた。失業はあまり多くなかったが、食糧援助は増加の一途をたどっていた。イギリスのEU離脱の投票と同じように、二〇一六年の米大統領選でドナルド・トランプに投票した大多数の有権者は、経済自由化の敗者だった。

これらふたつの投票は本来なら自由主義モデルに対する警鐘になるはずだった。自由主義モデルは大多数の個人を排除し、その大多数はときに、政権に困難な問題を課すからである。ところがどちらの投票も警鐘の役割を果たさなかった。自由主義モデルの擁護者たちは、方針をあらためてこの冒険から現実的評価を引き出すことも、また、アメリカでトランプが選ばれ、イギリスでEU離脱が支持され、フランスでマリーヌ・ルペン【極右政党「国民連合（旧称は国民戦線）」党首】の人気が上昇した理由をじっくり考えることもなく、票を投じた人々に非難や侮辱を向けた。そうした人々は人種差別主義者で、外国人嫌いで、野蛮で、酒飲みで、教育がなく、老いぼれで、労働者で、田舎者だというのだ。

では、イタリアはどうだろう。イタリア首相マッテオ・レンツィ【在任期間は二〇一四年二月から二〇一六年一二月】の「ジョブズ・アクト」【ベンチャー企業が資金調達をしやすくするためのさまざまな規制緩和】もまた高く評価されてきた。新自由主義の支持者たちにとってイタリアの例は、イタリアが伝統的にあまり自由主義的でなく、フランスと比較されることが少ないだけにいっそう、インパクトが強いのだ。「イタリアでさえ改革をしたのだから」というわけである。

それゆえ、国民が改革に好意的でなかったにもかかわらず「マッテオ・レンツィは改革を断行し、国民に理解を促し、最終的にうまくいった。二〇一四年から二〇一六年にかけてイタリアでは五〇万の雇用が創出されたのだから」としきりに喧伝された。ナティクシス【フランスの投資銀行グループ】のエコノミスト（つまり金融市場が健全であれば改革は成功すると考える銀行家）であるアラン・ルマンニャンは、経済誌『キャピタル』に「イタリアのジョ

|注8| Joseph E. Stiglitz, *The Price of Inequality*, W. W. Norton & Company, 2012.〔邦訳：スティグリッツ『世界の99％を貧困にする経済』、楡井浩一・峯村利哉訳、徳間書店、二〇一二〕

ブズ・アクトはフランスにとってひとつの指針となりうる」─注9─と表明した。

しかし、レンツィのジョブズ・アクト効果については指摘すべき点が数多くある。二〇一五年、イタリアの若者のうち不安定な雇用条件で働く割合は、二〇一一年の四三％に対して五五％に上り、研修生の一五％が四五歳以上で、一億一五〇〇万枚（二〇一〇年は一〇〇〇万枚）の就労クーポン（雇い主が配る、時給一〇ユーロで一時間働けるクーポンで、大まかな労働時間は会社の必要しだい）が売られ、若者の失業率は（二〇一一年の二九％に対し）四〇％に上昇した。

五〇万人が低いコストで失業者数から外れ、中年で研修生になったり、就労クーポンを使って週に数時間働くようになったものの、ジョブズ・アクトは社会に惨憺《さんたん》たる結果をもたらしている。失業者から不安定な労働者になり、やがてまた失業者に戻るといった具合に、身分はいっそう早いテンポで変わり、失業者数は変化し、労働市場は柔軟になり、貧困は続く。そしてこの実情に目を向けようとする者はいない。

要するに、労働市場が柔軟になるとは、賃金労働者の権利だけが「柔軟」に扱われて打撃を受け、雇用主と株主はけっして影響を受けないということだ。こうした改革を実行した国ではみな、うわべは失業が減る。だがその実態は失業者が非正規労働者に変えられるだけで、そこから安定した雇用へステップアップすることはない。企業の利益は上がり、市場関係者はこのうえなく満足するが、貧困層は（仕事がある者もない者も）貧しいままである。

|注9| P. Robert, interview de A. Lemangnen,《Lutte contre le chômage :《Le jobs act italien pourrait être une source d'inspiration pour la France》》, *Capital*, 15 mars 2016.

第5章

公的支出がこんなにも嫌われるのはなぜか

現在、公的支出の削減に賛成することが、まともな経済学者の条件のようになっている。どの国でも、公的支出は無駄であって、できるだけ早く節約に着手しなければならないとされる。「公的支出を削減したあらゆる国で失業率が低下している。公共部門への大規模な支出は経済学的に見て効果がなく、返済できない借金を将来世代に背負わせることになる」。これは一部の政治家や専門家が情勢分析を通じて私たちに提示する、ほぼ全世界に広がっている間違った見解である。

現実には公的支出はブラックホールに吸い込まれるわけではなく、学校、病院、警察、裁判所、年金、失業手当などの公共サービスをまかなっているのだが、そのことを指摘する者はいない。誰もいないのだ。公的支出はマネーサプライの視点だけで見られて削減の対象とされ、何の役に立つかは見過ごされる。さらに、公的支出を減らした場合、中間層と貧困層が打撃を受ける。なぜなら、中間層と貧困層は公共サービスが提供している便宜を自費でまかなうだけの資力がないからだ。政治家や専門家の見解とは別の考え方はできないだろうか。

「公的支出」という用語の裏にあるもの

公的支出の額は、社会が公共部門に何を任せるかによって左右される。公的支出の内訳は、行政の機能（公務員の給与、行政機関が購入する必需品、生産と不動産収入に対する税金）、再分配（社会保障手当、助成金、給付金）、公共投資そして公的債務の利息である。これがGDPの一割や二割ではなく、GDPに迫る規模の金額であることをまず理解しなくてはならない。

公的支出の大きさにおいて世界で上位にあるフランスの場合、二〇一五年の額は一兆二四三〇億ユーロ、つまりGDPの五七％に上る。五七％というのはGDPから差し引かれる数字ではないし、GDPの四三％が民間部門に残っているという意味でもない。それは、GDPにもたらされる価値である。説明なしに繰り返されると、生産された富の五七％を公共部門が持っていったような印象を与えるが、そうではない。また、公共部門の占める割合が民間部門より大きいように見えるが、それも正確ではない。

パリ第一パンテオン＝ソルボンヌ大学で教鞭《きょうべん》をとる経済学者クリストフ・ラモー

―注1―は、公的支出の計算方法を家庭と企業を合わせた民間支出に適用すると、民間支出はGDPの二〇〇％以上になると述べている―注2―。

民間部門に公共部門と同等のものを加えてみよう。つまり民間企業が支払った賃金、中間消費、付加価値税および生産と不動産収入に対する税金、所得税、財産税、利息、民間の社会保障、口座振替手数料、投資を付け加えれば、総額は四兆二〇〇〇億ユーロを上まわる―注3―。したがってフランスでは民間部門の支出のほうが公的支出よりずっと大きいのだ。

ドイツのように公的支出がフランスより少ない国もあるが（GDPの五七％のフランスに対し四四％）、それは、フランスで年金加入が義務であり、世代間の分配でまかなわれているのに対し、ドイツでは加入が任意で、大半が積み立て型だからである。それゆえフランスはドイツより支給額が多く、年金生活者はドイツほど困窮していない。

実際、フランスの年金生活者の貧困率は世界有数の低さである。このように公的支出の額は社会が何を選ぶかを示していて、フランスのように国や地方自治体が公共サービスのための支出をする社会もあれば、その経済活動の大部分を民間に委ねる社会もある。ただし、こうした国際的比較でけっして明らかにならない問題がある。個人にとっての社会保障の質である。公的支出の額を国ごとに比較し、ある国がヨーロッパ全体の平均を上まわっている（だから節約が必要である）と指摘するだけで、個人に提供されるサービスの範囲、年金の水準、教育や保健衛生のコストを比較しようとしない現状は、ヨーロッパ社会における人間性の地位を物語っている。

フランスは公共サービスが無料で利用できるよう、公共サービスを税金でまかなう方法

注1　この章で紹介する公的支出の数字のほとんどは「怒れる経済学者」のメンバーであるラモー准教授の研究による。私は七年間、パンテオン・ソルボンヌ大学で彼とともに仕事する機会を得た。彼の二〇一二年の著書 Christophe Ramaux,《L'Etat social. Pour sortir du chaos néolibéral》, éditions Mille et une nuitsを参考文献として挙げておく。

注2　C. Ramaux,《Calculée comme la dépense publique, la dépense privée dépassent 200 % du PIB》, *Rue 89*, 2014.

注3　二〇一二年の計算の詳細は次のとおり。民間企業が支払った給与八一七〇億＋企業の中間消費一兆七六四〇億＋付加価値税および事業税三一九〇億＋不動産収入に対する税金三三三〇億＋所得税および財産税二三八〇億＋利息二六四〇億＋民間の社会保障四五〇億＋口座振替一三〇〇億＋投資三二三〇億＝四兆二四三〇億、すなわちＧＤＰの二〇〇％以上となる。

を選んだ。それで、誰もがサービスを利用できるようにして、基本的平等を確保している。つまり、公共サービスに税金を投じることによって、国民全体の負担をより適切に配分できているのだ。公共サービスを民間に任せればたしかに租税圧力は軽くなるが、サービス利用の際、民間企業に金を払わなければならない。財力のない一部の国民は締め出されることになる。公共サービスすべてが民営化されれば、一部の人にとって支払いの難しい料金設定がなされ、サービスの利用をめぐる格差が拡大するだろう。

かりに社会保障制度による処方薬の払い戻し【保険料による薬剤費の補助】がなくなれば、事実上、国民のうちの貧困層は治療を受けられなくなる。アメリカの場合がまさにそうで、主として民間が担う医療保険はヨーロッパより高額で、平等なシステムではない。GDPに占める医療費の割合は、フランスの一一・七%に対しアメリカは一七%と、さほどの開きはないのだが、それでもアメリカでは毎年二〇〇万人が医療費の支払いのため破産している一注4一。

公的支出について腰を据えて議論するならこうした比較をするべきだが、現実にはそれを指摘するだけで、空疎な理論を振りかざしていると受け取られる。議論の成り行きはこうだ。公的支出には国民に有益な見返りがあると主張すると、理論を振りかざしていることになる。現実に見合った行動をとるなら、貧困層への見返りを犠牲にして公的支出の額を下げなければならない……。

新自由主義者たちが決して言わないこと、それは税額控除ー注5ーのような税制上の特典が助成金扱いされ、その結果、公的支出の額を押し上げていることである。公共サービスに対しては財政健全化を持ち出して反対する新自由主義者たちは、企業への助成金に対しては何も言わない。そもそも彼らは、国からの給付金を民間企業が直接受け取るべきだと考え、退職年金、処方薬の払い戻し、失業手当などが消費につながらなければ気が済まないのだ。

ー注4ー Dam Mangan,《Medicals bills are the biggest cause of US bankruptcies : study》, *CNBC*, June 2013.

ー注5ー フランスでは競争力・雇用目的税額控除(CICE)と研究開発税額控除(CIR)がある。

公的支出を減らしても公的債務は消えない

公的債務といういわれなき「脅威」は、「より充実した社会保障を国民に提供したいのだが、残念ながら国に財力がない」として公的支出の削減を正当化するために強調される。理解していただきたい、公的債務は将来世代の負担となり、利率が上がれば借入れは困難になるからどうすることもできないのだ、という言い分である。

この問題については指摘すべきことが多くある。まず、公的支出の水準と公的債務の水準との間にはつながりがない。なかにはデンマークのように、債務が小さくて公的支出が大きい国がある。デンマークの場合、債務残高がGDPの四〇%、公的支出が五五%である。他方、日本とポルトガルは債務が非常に大きく、公的支出は小さい。日本は債務残高がGDPの二五〇%に近く、公的支出は四一%にすぎない。ポルトガルは債務残高がGDPの一三〇%、公的支出が四六%である。

深刻なことに、公的支出を削減すると、目的とは逆の作用を生じることがある。債務を減らすのではなく―注6―、増やすのだ。というのも、公的支出の削減によってGDPが下がるので、GDPに占める公的債務の%表示の割合が上がるからだ（分母となるGDPの減少幅は分子の債務の減少幅よりも大きい）。たとえばギリシャは二〇〇九年から二〇一五年にかけて公的支出を二〇%以上減らした結果、GDPは二五%減少したので、債務残高がGDPの一二六・七%から一七七・四%になった。

債務の水準は公共サービスなどの活動を抑えるための根拠ある理由ではなく、口実にすぎない。言いかえれば、市民に不安を抱かせ、歳出の削減以外の選択肢はないという考え方を根づかせるための錦の御旗《みはた》である。そうした不安をすすんで煽る人々は債務を解消したいかのようなふりをするが、事実はそうではない。

フランス、ドイツ、イギリスといったヨーロッパ諸国は一九四五年にGDPの二〇〇%を超える債務を抱えながらも、一九五〇年代初めにはほぼ債務を解消した。どのようにしてか。いまユーロ圏のあちこちで行われているように、公的支出の削減によってだろうか。そうではない。その方法を選んでいたら、フランスの戦後三〇年間の成長はなかっただろ

注6　対GDP比率で。

う。インフレを利用し、高額資産をはじめとする民間資本に特別税を課し、銀行と交渉することで、一〇年もしないうちに債務を解消したのである―注7―。

こういった迅速な方法を使えば現在の債務を解消するのは容易なのだが、いまは高額資産に課税する雰囲気にはなく（トランプのアメリカもマクロンのフランスもサルヴィーニ【イタリア野党「同盟」の党首】のイタリアもむしろ逆だ）、株を持つ人々にとって打撃となるインフレを維持するにも、「再分配」を探るにも、銀行との交渉は考えられないのである。福祉国家を批判したがる人々は、そうした方法は過去に適用されているのに現実性がないと判断し、公的支出の削減を（それが南ヨーロッパ諸国では、国民の大半に耐えがたい思いをさせたばかりか債務の解消にもつながらなかったのに）選ぶのだ。戦後の一九四五年には、富裕層や銀行や株主ではなく一般市民に有利な判定がなされた。現在、流れは逆になっている。

公的支出の削減が社会に与える影響

公的支出削減の必要はあまりに広く認められているので、政治家は信頼を得るために、節約の道筋を示さなければならない。フランスのエマニュエル・マクロンの場合がそれで、マクロンは「約束は必ず守る」と宣言して公的支出を六〇〇億ユーロ減らす計画を示した。

　メディアはこの歳出削減計画を大統領の真剣さの表われと受けとめた。しかし、その削減がいったいどこでなされるのかを具体的に説明するよう求める者は誰もいなかった。社会保障で二五〇億ユーロ、健康保険で一五〇億ユーロを具体的にどうやって削るつもりなのか聞く者はいなかった。「構造改革」によって失業保険の予算を一〇〇億ユーロ削りつつ、どうやって個人事業主と辞職者に失業手当を広げるつもりなのか聞く者はいなかった。「構造改革」の具体的な内容を説明するよう求める者はいなかった。

　また、マクロンが、地方自治体への交付金を減らすつもりはないと言ったあとで、自治体の支出を合計で一〇〇億ユーロ減らすため協定を結ぶと述べるなど、発言が揺れたとき、地方自治体の問題についてはっきりした態度をとるよう求める者もいなかった
|注8|。

|注7| T. Piketty, *Aux urnes citoyens !*, Les liens qui libèrent, 2016, p.157.

要するに、フランス大統領の「それと同時に」という論法がかつてなくエスカレートしているのだが、この姿勢に困惑する者はいないようだ。だがもしマクロンがしっかりした説明をするよう迫られたら、彼はフランス人にとっておそらく受け入れがたい返答をするだろう。つまり、失業手当の減額と支給期間の短縮、払い戻しされる処方薬の限定、託児所の縮小、公務員の削減、地方自治体の娯楽施設の縮小など、フランス人の日常生活にかかわるすべてを削るという返答である。

これらの問題が提起されたことは一度もない。いま大統領の地位にあるマクロンは、これらの問題を詳しく説明したことがない。日常生活にどんな影響があるかは重要な論点になるはずだが、この論点は抽象的な大型マネーサプライの話にすり替えられた。それこそが重要な問題で、自分はそれに真剣に取り組んでいるというわけだ。

公的支出の削減を推奨する人々の狙いは、福祉国家の領域を切り崩して民営化し、そこから利益を引き出すことにある。民間の健康保険や積立型年金を設ければ、大規模な民間金融グループは実入りのいい市場が目の前に広がるのを見て喜ぶだろう。一般市民は税金が減るかもしれないが、アメリカの例に見られるとおり民間の保険にこれまでより高い保険料を支払うことになる。アメリカの貧困層のなかには保険に加入する余裕のない人もいる。

深刻なのは、ＥＵが加盟国に経済の大部分を自由化するよう強制し［注9］、予算編成を指導して、この致命的な賭けを奨励していることだ。自由化の目的は多くの場合、独占を打破したり、経済的パフォーマンスを過大評価することにある。

健全な経済的パフォーマンスの三つの基準のうち、欧州委員会は財政実行可能性を採用

［注8］正確な引用は次のとおり。「公費を節約するために金銭的援助を断つような交付金引き下げはやめることにしたい。あまりに中央集権的なやり方だからだ。それと同時に、地方自治体との間に、支出を一〇〇億ユーロ削減してもらう五年間の協定を結びたい。このくらいの削減なら可能だろう。地方自治体には一定の裁量の幅を与えるつもりだ」。E. Lefèbvre, N. Barré, D. Seux, G. Poussielgue, R. Honoréによるマクロンへのインタビュー《Emmanuel Macron : Mon projet économique》, *Les Èchos*, 23 février 2017参照。

［注9］欧州委員会はしばしば、自由化の義務を果たすよう加盟国に働きかける。たとえば一九八〇年代末から、加盟国は欧州委員会の経済政策の方向性に従ってエネルギー・通信・輸送の分野で一連の自由化に着手した。

してきた[注10]。それ以来、公共サービスの目的のなかに収益性が入り込むようになった。つまり幅広い市民が利用できる一定の質のサービスを、採算がとれる形で提供しなければならない。国民の健康と安全を、採算がとれる形で守らなければならない。学校教育と職業教育を、収益が見込める形で進めなければならない。

このように収益を追求する結果、利用者の経済力に応じて質の異なるサービスが提供されることになる。公共サービスの論理に代わって金もうけ主義の論理が採用され、利用者は顧客となる。今後こういう考え方が優勢になれば、収益につながらないとみなされる多数の国民がサービスの対象から外れることは容易に想像がつくだろう。

注10　財政実行可能性は、自らの財政上の義務を果たす能力である。システムの健全な評価基準は、何をおもな目的とするかによって変わる。WHOはOECDおよび欧州委員会とは対照的に、経済的基準をあまり重視しなかった。

第6章

金融は企業を裏切る

石油ショック後の一九七〇年代末、経済を調整する新しい方法が実行に移される。当時のレーガン米大統領とサッチャー英首相の連携を手本として、各国政府は国の介入の範囲を狭め、規制緩和を進め、公企業を民営化し、市場原理に信頼を置くようになる。国に管理されていた経済は、自由度を増した金融市場経済に移行していく。こうして、企業において株主と金融が主役となる時代が訪れた。

株主の力が拡大するとともに、企業戦略はもちろん、賃金労働者の境遇も、産業界に対する国の姿勢も大きく変化する。この関係性のなかでは株主が中心に位置し、何事も、設備投資と労働者を犠牲にして株主が主要な受益者となるように運ばれる。賃金労働者は、自己資本利益率—注1—を高めたいという株主側の要求を満たすために、調整変数、すなわち人数や労働時間の調整を受ける存在となる。

一方、国家の役割は、資本および高収入に対する税金を下げることで、資本家に好都合な環境を整えることに限定される。こうした企業活動で上昇した利益は大部分、株主に回され、賃金労働者（付加価値における取り分は減らされる）と設備投資（利益の水準に見合った額よりも抑えられる）はともに犠牲になる。結局、本来なら企業に資金を調達するはずの金融が「目的」そのものになり、金融のもともとの使命と矛盾するようになる。このままでいくと、株式市場が企業に出資するのではなく、企業が株式市場に出資することになる。

株主と経営陣と賃金労働者――パートナーから敵へ

一九八〇年代の転換期に金融がめざましく発展すると、企業組織、とりわけ株主・経営陣・賃金労働者の関係が大きく変化した。企業は（利害関係者《ステークホルダー》と呼ばれる）株主・経営陣・賃金労働者の利益共同体から、株式資本（企業自らの資金）を保有する株主の利益を何よりも優先する（シェアホルダーと呼ばれる）組織に移行するのだ。

株主の目的は、自分の株の価値を最大化して、毎年の終わりにできるだけ利益を蓄えることである。経営陣がこの務めを確実に果たすように、彼らの報酬はかの有名なストックオプション【あらかじめ決められた価格で自社株を買う権利】を用いて、株主の利益に連動する。

―注1― つまり株主に対する企業の報酬支払い能力。

そういう事情で、経営陣は企業の株価を上げること、実体経済よりも金融市場の期待に関心を向けることを最重要の目的としている。ほとんどの企業活動には長期的な見通しが必要であるのに、経営陣はますます短期的な成果しか追求しなくなる。

目的が金融市場の期待に応えることなので、大企業は活動分野を問わず、金融の担当部門を拡充して株価の動きを追い、自社株買いなどの操作を行って株価を上昇させ、株主がいっそう多くの利益を得られるようにする。金融部門を拡充すると、当然、財を生み出す生産部門にしわ寄せが及ぶ。金融重視によって大企業の利益はたしかに上がったが、設備投資の額は逆に減っている。

利益と投資額の差を手にしたのは株主で、二〇一六年、CAC四〇の企業【ユーロネクスト・パリの上場銘柄のうち時価総額が上位四〇の企業】は新たな投資を実行せずに二倍の配当を分配し―注2―、二〇一八年の第3四半期に、S&P五〇〇のアメリカ企業【ニューヨーク証券取引所、NASDAQなどに上場している五〇〇社】は長期投資を犠牲にして二〇三八億ドルという記録的金額を株の買い戻しに投入し、それによって株価を上昇させた。

株主の力を著しく強めた要因がもうひとつある。貯蓄の集合的管理の発達だ。個人が所有する金融資産を（年金基金、保険会社などの）機関投資家が管理するようになったのだ。

その結果、企業の資金が少数の投資家の手に集まり、その少数の投資家は国同士を競争させることで政府に圧力をかけることができるようになり、減税や労働市場の柔軟化といった自分たちに合う政策を実現させる。

国家は、資金調達に苦心して金融市場を頼る傾向が高まっているだけにすすんで金融界に従属するようになり、金融が経済政策を支配する状況はますます強まっている。いまや政治家は国民を思いやることよりも金融市場を満足させることに努め、国民は、政治家のそのような努力に同調するようしばしば求められる。いまでは格付け会社の意見のほうが世論より重要なのである。

|注2| C. Chavagneux,《Deux fois plus de dividendes que d' investissements》, *Alternatives économiques*, 11 janvier 2017.

企業の金融化が招く賃金労働者の不幸

こうした状況において大企業の目的は、設備投資とイノベーションを積極的に進めることではなく、株主に配当を分配することになった。つまり利益の最大部分を獲得するのは株主なのである。たとえばアメリカでは、一九五〇年代から一九七〇年代には会社の利益全体のうち、株主に配当として分配されるのは三五％から四五％だったが、現在は六〇％前後になった一注3一。利益が上がらない場合は、コストを圧縮してでも株主に同程度の配当を確保しなければならない。そうしないと株主は去ってしまうのだ。

設備を変えたり資産を売ったりするのは難しいので、コスト削減の矛先は（派遣社員を含めて）調節のしやすい賃金労働者に向けられる。こうして企業は人員削減や工場の国外移転をして株価上昇につなげるのである。もはや企業は、製品を送り出して利益を生むために経営者と労働者が結びつく場というよりも、報酬が株主の利益に連動する経営者と、報酬（賃金）が株主の利益にとってマイナスとなる労働者が対立する場となった。そうなると、株主に一定水準の利益を保証するため、労働者全体を不確実な経済情勢にうまく合わせることが必要になってくる。

フランス企業運動（MEDEF）【フランスの最高経営責任者の組合】は、人員を解雇しやすくし、人件費を下げるのに労働裁判所の介入がないように賠償金の上限を定め、賃金の引下げを法律によって定めるのではなく企業の内部で決められるようにするのは、すべて雇用創出のためだと言っている。しかし、それらの措置は、株主の望む配当を確保できるほど利益が上がらないときに、手早くコストを縮めるためのものにすぎない。

以上のことから、企業が利益を上げているにもかかわらず、人員の削減や工場の国外移転を数多く目にする状況が生まれてくる。労働者は、株主の利益を確保するために場所を変えたり処分したりできる、家具のようなものになってしまった。

私は、閉鎖が決まった製油所の労働者に招かれたときのことを思い出す。その製油所は、収益が数十億ユーロに達する大手石油会社グループに属していた。フランスでは製油所が有用であり、またフランスは国内需要を補うために軽油を輸入していることから、労働者

注3　ハジュン・チャン前掲書、二〇一〇年。

たちは一九七〇年以降フランスで製油所の半分以上が閉鎖されたのはなぜなのかを知りたがっていた。

私は彼らを前にした講演のなかで、経済界が金融を重視するようになってから、企業の経営陣が採算のとれない部門を特定しそれを切り離すことができるように、どの大企業も独立した部門に分割されるようになったのだと説明した。つまりその大手石油会社のグループには、開発・生産の部門、精製の部門、流通販売の部門があった。そして投資利益率は精製および流通販売よりも開発・生産のほうが高かったので、資金の大部分を開発・生産部門に投入した。その結果、二〇年前から製油所への設備投資が不足しつづけ、生産手段がニーズに合わなくなった。

フランスでは石油消費の八〇%が軽油《ディーゼル》なのだが、その製油所ではガソリンの生産量が多すぎる一方、軽油の生産量は不充分だった。つまり設備投資が足りないせいで製油所から上がる利益が低下し、株主優先の論理によって経営陣は製油所を切り離して（この場合は開発・生産という）もっとも実入りのいい部門だけに注力することになった。労働者には影響力がまったくなく、与えられた生産手段のままで事態を変えることはできず、なすすべがなかった。

問題は残業・労働時間・職業教育に対する税の免除ではなく、収益を伸ばしつづけることを要求する株主優先の論理による過少投資だった。実のところ、この製油所の労働者は真相を理解していて、自分たちが知っていること、つまり株主と企業の経営陣が製油所全体を葬り去ろうとしていることを、専門家である経済学者に確認してもらおうとしたのだ。

グローバル経済における金融重視と株主の役割の増大は、労働者にとって、ひいては企業にとって致命的だった。年金基金や保険会社などの機関投資家と株主は、もうけをどの程度望めるかによって企業を選ぶ。国は株主を引きつけるために、労働市場の柔軟化や減税などの政策を実行に移す。資金を集めるための国際競争は、技術革新、インフラ、人的資本の育成だけではなく、規制をもその舞台とする。そうなると、技術革新のために長期的投資をするのではなく、株主の満足を図ることが経営者の役割になる。

さらなる利益を引き出すには、技術革新の方法を考えるより労働者に圧力をかけるほうが簡単なのは言うまでもない。だがこの論理は限界にぶつかる。何もかもを国外に移転することはできないし、労働者への圧力がどこまでも続くと心身の消耗や勤務中の事故につながるからだ。

グローバル経済のなかで株主を満足させ、彼らを国内にとどめるために、国家も企業のリーダーも労働者を調整の対象とし、その結果労働者は（どんなに意欲ある者でも影響を与えることが不可能な）国際情勢の不確実性に左右される。企業の利益率が上がってもその利益の大半は株主に行くため、設備投資は伸びない。長期的に見ると企業はもはや革新的な技術を作り出さず、設備とインフラは老朽化していく。多くの場合、企業はより力のあるライバルに買収される。

いくつものすぐれた企業がそんな痛ましい運命に見舞われた。たとえばアルストム【フランスの鉄道車両メーカー】は株主の歓心を買うためにそれぞれ独立した部門に解体され、それによって株主は体力の弱い部門を特定して切り離した。新たに就任した経営陣は、妥当な投資に取り組むよりもアルストムを金融持株会社にし、エネルギー部門をゼネラル・エレクトリックに、輸送部門をドイツのシーメンスに、という具合にひとつひとつ譲渡し、いまやアルストムという会社には何も残っていない。

アルストムの労働者は三〇年にわたって、株主の利益拡大のために圧力をかけられ、おびやかされ、解雇され、消耗させられた。国と歴代の政権はそのさまを見て、取り残された労働者を救うべく介入した。このような取引で激しい対立が生まれ、一部の者は繁栄しても、産業界の直接、間接的な雇用、派遣による雇用、そして地域にとっては悲惨な結果になることを、国は詫びている。しかし、株主や機関投資家がその金を他国へ投資する恐れを考慮すれば、社会が結束するには彼らを無下に扱っては意味がない、というのである。

第7章

債務超過というこけおどし

「われわれは財力に見合わないぜいたくな生活をしている。恐ろしい状況だ。何もしなかったら、効率を重んじる金融市場は金利を上げることでわれわれを罰するだろう。そうなると借入のコストは上がり、債務はさらに膨らむ。このまま解決を先延ばしすればいずれ破綻に陥り、将来世代がわれわれの借金の山を返さなければならなくなるだろう。公的債務は時限爆弾のようなもので、これ以上の拡大を抑えるため早急に措置を講じる必要がある。ほかに選択肢はない」。

以上が、公的債務について、ほぼ世界的に、絶えまなく国民に繰り返されている一般的な主張のまとめである。政治家も新自由主義の立場の専門家も、みながすすんで公的債務という脅威を、緊縮政策を実施する根拠として強調してきた。

しかし現実には、国の借金を家計の借金にたとえることほどばかげたことはない。国は死なないし差し押さえも受けないからだ。資産を考慮に入れないで債務だけを問題にすることは、とくに資産の額が債務よりも大きい場合、このうえなく愚かである。民間の債務に目を向けることなく公的債務を心配するのは馬鹿げている。民間の債務は存在するし、二〇〇八年の危機の原因でもあったのだから。

そして、公的債務の削減が経済成長につながると考えるのは常軌を逸している（むしろ経済の成長が公的債務の軽減につながるのだ)。以上が、議論の場で代替案を口にした途端に、公的債務を抱えた状況で代替案を持ち出すのは非現実的だ、と決めつけられたときの反論である。

「国家は父親や企業のように債務を解消しなければならない」という主張

「公的債務がこのままふくらむと、次の世代に負担をかけることになる。だから一刻も早く債務を解消するべきだ」というこの主張は、よい父親なら子どもたちに資産を残すのに、将来世代に債務を残すような国家は信用できないと訴えることを目的としている。

債務の解消をたてまえとして国民に緊縮政策を押しつけたがる人々は、企業への資本参加や不動産といった行政機関の資産が、多くの場合、公的債務と均衡を保っているか、公的債務を補っていることを説明し忘れている。それに該当するのがイギリス、フランス、ドイツ、日本である—注1—。

フランスを見ると、フランス人は債務の額を上まわる資産を持っているので、将来世代が受け継ぐのは債務ではなくて純資産なのだ－注2－。

これに、一〇兆ユーロ以上と思われるフランスの世帯の資産を付け加えれば、公的債務の額はいっそう取るに足りないものになる。不動産と、株券、債券、生命保険などの金融資産からなるこの資産は、国ではなく世帯に属すると言う人がいるだろうが、それらがフランスの資産の一部であることに変わりはない。しかも、こうした資産の半分ほど（五兆ユーロ）は不動産なので、他の国に移すことはできない。すべての資産を合わせると、フランス人が所有する額は一二兆ユーロ以上、つまり公的債務の六倍以上に上る。フランス人は子どもたちにこれだけの資産を残すのである。

本当の問題が債務の額でないことは金融市場もよくわかっていて、だからこそ低い利率をフランスに認めているのだ。真の問題はむしろ、フランスにおけるこの資産の分配がきわめて不平等なことにある。したがってこの資産がもっと公平に分配されるような制度を、政府と官庁が整えるべきである。全体的にとらえると、一兆ユーロの資産で五〇〇〇億ユーロの債務を抱えるよりも、一二兆ユーロの資産で二兆ユーロの債務を抱えたほうがいい。世帯の場合と同じく、資産を視野に入れずに債務の額を考えても意味がない。

さらに、債務を計算するときの指標が、その額を実際より大きく見せることに注意しなければならない。「債務がGDP比で一〇〇%」と言う表現は、ただのこけおどしだ。なぜなら、これは何年にもわたって弁済される債務を、GDPという一年の数字と比較しているからだ。世帯の債務を考えるときにそんな比較はしない。

たとえば年収三万二〇〇〇ユーロで、二五年のローンでマンションを購入して二〇万ユーロの借金がある夫婦を想定すると、借金は労働収入の六二五%になる。だがこれは先進国の多くの住民が経験している状況だ。この夫婦が子どもを持とうと考えたとしても、彼らが子どもに借金を背負わせることになると思う者はいないだろう。逆に子どもはこの両親から資産を相続する可能性が高い。債務残高と年間の富の創出という、時間軸の異なるふたつのものを比較するこの無意味な方法を世帯や企業に当てはめてみれば、実際に

―注1― ただし一九八〇年代以降、公有財産は減少している。Le rapport sur les inégalités mondiales, Facundo Alvaredo, Lucas Chancel, Thomas Piketty, Emmanuel Saez, Gabriel Zucman, Seuil, World Inequality Labを参照。

―注2― T. Piketty, Le capital au XXIe siècle, Seuil, 2013, p.200〔邦訳:トマ・ピケティ『21世紀の資本』、山形浩生、守岡桜、森本正史訳、みすず書房、二〇一四〕

は、国の債務比率が、喧伝されているほど懸念すべきものでないことが理解できるだろう。

繰り返すが、ここで例に挙げた夫婦は二五年のローンを組んでいる。返済が難しければ彼らは三〇年に伸ばすこともできるが、それ以上はめったにない。一〇〇年のローンを組むことができないのは、彼らが、借金を完済する前に死ぬおそれがあるからだ。

ここが世帯と国家との大きな違いである。人は死ぬが国は死なない。われわれが借りることのできる金額は、われわれの一定期間までの返済能力に左右される。かりに二倍生きられるなら、借りられる金額も二倍になる。国は、少なくとも人間の寿命程度の時間の問題には直面しない。たとえばイギリスの国庫は、一七二〇年に発行した債券の完済を二〇一五年にようやく終えた―注3―。大統領任期の五年間に債務の一部を緊急に返さなければならないというのは、低成長の時代である現在ではなおさら、馬鹿げていると言うほかない。

公的債務を弁済するために、政府は公共サービスの大幅な削減、具体的には病院、消防署、警察、軍隊、社会保障、インフラ整備などへの支出を減らさなければならない。学校や病院に充分な人員も設備もない国を将来世代に残すこと、医療費の還付額や年金の額を減らすこと、設備投資を控えたせいで老朽化したインフラを残すこと、そういったことが将来世代へのいい贈りものになるだろうか。

むしろ、社会に役立つ多くのサービスを廃止することによって子どもたちの未来を台無しにするのではないか。それは、収入が上がらないのに、五年間、借金を減らすために生活費を切り詰めるよう家庭の父親に求めるようなものだ。その家の子どもは五年間、医者に診てもらう回数を減らし、学用品の購入を少なくし、遊びや旅行の機会を減らすだろう。五年後、借金の残高はたしかに減ってはいるだろうが、経済用語で「人的資本」にあたる子どもへの過少投資が将来にプラスになるかどうかは心もとない。しかし、いま提案されているのはそういうシナリオである。

国を企業のように運営するべきだと唱える者もいる。そういう人たちは、かりに企業のリーダーが国のような行動をとったとしたら企業は倒産すると考えている。だが、民間の債務残高に目を向ければ、この主張があまりに一面的であることがわかる。民間の債務は公的債務をはるかに上まわっているのだ。

注3 Y. Varoufakis, Conversations entre adultes, Dans les coulisses secrètes de l' Europe, Les liens qui libèrent, 2017, p.498.

ユーロ圏の平均では、公的債務がGDPの八五％であるのに対し民間の債務は一一八％に上る。フランスではGDPの一〇〇％弱の公的債務に対し、民間の債務は一三〇％前後。アメリカでは一〇〇％超の公的債務に対し、一四八％である。そもそも主要国と国際機関は公的債務に関心を集中するあまり、民間の債務を視野に入れないことが多い。じつは民間の債務は恐るべき勢いで拡大してきた。たとえば二〇〇八年の危機の前、スペインの公的債務はGDPの四〇％で、欧州委員会の目から見ても優等生だったが、民間の債務はGDPの三一七％に達していた。当時の民間の債務は、不動産バブルをはじめとするスペイン経済の過熱を表していて、バブルはこのあと一気にはじける。しかし高級官僚や経済専門家の頭のなかでは、民間部門は自己調整が働いている。それはそうだ。民間の債務の大部分はきまって公金で弁済され、公的債務はさらに膨らむのだ。

二〇〇八年にアメリカで起きたサブプライム住宅ローン危機も、事情は同じである。一九二九年の恐慌以来となるこの大きな危機は、民間企業の行きすぎた債務から発生した。二〇〇〇年代初め、当時のブッシュ大統領は貧困世帯が住宅を所有できるようにしたいと考えた。賃金を上げることはできないので、所得が低いために通常のローンが利用できない人々を対象とする、優良より下を意味する「サブプライム」という名の、担保が不十分でも借り入れられる融資制度が作られた。

良識をそなえた人々はみな、過去において年に二、三か月の未返済がある世帯や、月々の生活費の支払いがすでに限界にきている世帯に貸付を行うことが馬鹿げているのはわかっていた。だがそれこそ、サブプライム住宅ローンを利用するために必要な基準だった。無頓着が支配するなかでこのローンの利用者はたちまち増え、新規ローンの貸付残高に占める割合は二〇〇六年に四〇％となった。

貧困国の公的債務の監視に忙しいＩＭＦは、アメリカで大変なことが起こるとは予想していなかったし、返済能力のない個人に提供されるこの貸付の拡大に問題があると見た経済学者も少なかった。しかし、アメリカではこの民間債務の行き過ぎと、次いでそれを隠すために逸脱した金融政策がとられたことで、二〇〇八年の危機が生じた。こうして危機は世界全体に広がっていく。

このとんでもないローンの金融派生商品を大量に購入したいくつもの銀行が倒産するのを防ぐため、国家（言いかえれば納税者）が介入し、公的債務はまたたく間に増大した。フランスでは、二〇〇三年から二〇〇七年までほぼＧＤＰの六五％前後相当で安定していた公的債務（この数値はマーストリヒト条約の基準であるＧＤＰ比六〇％にほとんど一致する）が、二〇〇九年には七九％となった。これに加えて留意しておきたいのは、経済へのマイナス効果が、一方では経済活動の低下によって歳入の減少をもたらし、他方では失業の増加によって社会保障費の上昇を招いたことである。これが、二〇〇九年以降に公的債務が著しく増大した原因である。

公的債務を解消する気が本当にあるのか

興味深いことに、アメリカは二〇〇〇年代初め、公的債務の解消が可能だったのにあえてそれをやめている。事実、アメリカは経常収支の黒字がＧＤＰ比でおよそ二％に達していたが、当時のＦＲＢ（連邦準備委員会）議長アラン・グリーンスパンはアメリカの公的債務があまりに早く解消されることを危惧《きぐ》した。債務が消えると国民が買う国債がなくなり、国債の売買がなくなれば、通貨政策で利率を調節することが困難になるからだった。

グリーンスパンとブッシュ大統領が、そのころ潜在的危機とされた債務解消を遅らせるために富裕層に対する減税を打ち出すと、経常収支はまもなく黒字から赤字へと転じた。

つまり彼らは政治的理由から、公的債務が解消される可能性を故意につぶしたのだ。この例からわかるように、公的債務というものは、そのときの政権がどんな改革を望むかによって、優先課題にもなれば対策を後回しにできる事柄にもなるのである。

いまフランスで公的債務の削減が経済政策の優先課題とされているのは、それが公的支出を削る根拠になるからだ。だが、これまでずっと公的債務の問題を優先してきたわけではない。たとえば一九九〇年代初め、経済・財政相のピエール・ベレゴヴォワが行った「フランを強くする政策」は利率を経済成長率よりも高い水準にするもので、結果として公的債務の額は経済学者が雪だるま式と呼ぶほどに膨らんだ。

これは現在、新自由主義者たちがひどく恐れている状況で、彼らは二〇一一年以降、必要な努力（つまり公的支出の削減）をしなければ利率が上がると繰り返し主張している。しかし一九九〇年代には（現在を上まわるほど）公的債務も利率も上昇したにもかかわらず、同じ新自由主義者たちは経済政策を変えることだけは避けるべきだと言っていた。当時、公的債務は対策を後回しにできる事柄であって、優先課題は新自由主義的な政策を推しすめることだった。二〇〇一年のアメリカ、現在のギリシャも同様で、公的債務解消を名目とする緊縮政策によってさらなる債務が生じ、それがまた緊縮政策推進の流れを作り、また債務がふくらんでいる。

かりに公的債務の増大がいくつもの国を危険にさらすような深刻な問題なら、一九八〇年代以降、歴代政府が富裕層や企業に対して減税を行ってきたのはなぜなのか。加盟国に緊縮政策を熱心にすすめる欧州委員会が、(フランスの国家予算から何百億ユーロも流出させている)ヨーロッパのタックスヘイブンを非難しないのはなぜなのか。

公的債務の問題は、それを解消すれば解決するという単純なものではない。現在の国の経営手腕が一般に言われるほど悪くないことは、公的債務が民間の債務よりはるかに小さいことからもわかる。公的債務を減らすことは、経済政策の普遍的な優先課題ではなかった。

これまで見てきたように、一九九〇年代のフランス、二〇〇〇年代のアメリカでは意図的に公的債務を増やす措置がとられた。政治は明らかに臨機応変の処し方をしてきた。すでに述べたように、富裕層に対する減税など、新自由主義的な政策を打ち出すときには、公的債務は二次的な事柄とされる。他方、公共サービスやエネルギーシフトへの投資が浮上すると、公的債務は緊急の課題とされる。利率についても同じで、現在のヨーロッパのように利率が低く、公共投資を推進するのに絶好の機会であるときには、二〇一一年以降の主張のように、そのうち利率が上がるからその前に改革をしておく必要があると専門家は言う。そして逆に、一九九〇年代のように、新自由主義的な措置の実施で利率が従来よりも上がると、公的債務は二次的な事柄になるのである。

もし公的債務が本当に解決すべき問題なら、債務残高を減らすために入念な計画が立てられ、実行に移されるはずだ。ヨーロッパ諸国がそれを行ったのは第二次世界大戦の直後で、このときは高額資産に税が課され、金融機関の協力のもとに債務が再編され、インフレ誘導がなされた。そうした措置がとられないことからも、実際には公的債務の問題は重要ではないことがわかる。公的債務は、新自由主義的な経済政策を進めて、経済活動に対する国の裁量の幅を狭めるためのこけおどしにすぎない。

第8章

社会福祉モデルを壊そうと躍起になるのはなぜか

「社会福祉モデル」という言葉がテレビ番組で口にされるたびに、そのコストの高さが指摘される。そして、それがどのように国の経済のグローバル化にとって足かせとなるかが説明される。社会的不正などが誇張されて富の再分配のしくみに疑問が投げかけられ、公務員については恵まれた地位にありながら仕事の効率が悪く、数が多すぎて高い人件費がかかっていると指摘される。

そして、奇抜な提案がなされる。このモデルを改革して、社会福祉的性格を弱めるべきだと。つまり、支出を削減して社会福祉の縮小を行え、というのだ。この誤った考え方は、「社会福祉モデル」という言葉の与える印象が抽象的で、効果の薄い鈍重なしくみを連想させるだけに、いっそう多くの人々に受け入れられてしまっている。ここでもまた、さまざまな理屈が反論にさらされることなく次々に示される。断定的な言葉が定着し、社会福祉モデルの改良を提案することは問題外になり、それを壊すことが唯一の選択肢とされる。次いで、どの程度壊すかという議論が始まる。

しかし、社会福祉モデルとは何かを思い起こすだけで、このモデルをもっと的確につかむことができる。社会福祉モデルは、生活上の不慮の事態から個人を守るための制度や法全体、すなわち労働法、最低賃金、失業手当、社会扶助、教育と医療の提供を意味する。

これらは個人の生活に欠かせないものとなっている。ここ三〇年で見ると、福祉国家の度合いが弱まった国ほど格差が増している。いまこそ、二〇〇八年の危機をふまえて、世界における社会福祉モデルの有効性を訴えることが緊急に必要なのである。

誰が社会福祉モデルを敵視するのか

経済界の考え方は単純で、もっと言えば一面的だ。いわく、社会扶助をまかなうために富裕層や企業に税金を払わせると、企業活動は減速し、富裕層は税負担の軽い国へ行ってしまい、貧困層は給付金をもらうせいで怠惰になる。つまり社会福祉モデルを維持していると国の経済に構造的な硬直が生じ、国際競争で生き残れないというのだ。数年前から企業が（御しやすい）政権担当者に、設備投資と雇用創出のための減税を求めて圧力をかけるときに用いるのは、こうした論理である。

この圧力はかなり功を奏している。社会福祉の面で国民に甘いとされるフランスの場合、約三〇〇億ユーロの社会保険料免除を勘定に入れないとしても、二〇〇〇年から二〇一〇年までに減税で失われた額は一〇〇〇億ユーロに上る［注1］。さらに、競争力・雇用税額控除（CICE）と責任協定によって、企業の税負担は四〇〇億ユーロも軽減された。二〇一八年には四五七種類もの免税によって、たったの一年で一〇〇〇億ユーロ近い金額が歳入から失われた。この額は緊縮政策によって減らそうとしている赤字の額より大きい。

この相次ぐ減税はどんな効果をもたらしたのか。全体として、それは設備投資の役には立たず、むしろ株主を救う結果となり、雇用の創出も無きに等しかった。首相府の調査機関「フランス戦略」は、競争力・雇用税額控除の施行後二年間の事後評価を行ったが、雇用に関して評価するに足る影響は、どの調査からも確認できなかった［注2］。

経済学者で、競争力・雇用税額控除の調査委員会メンバーでもあるフィリップ・アシュケナージは、二〇一三年から二〇一四年までの一年間に創出または保証された雇用をおよそ五万から一〇万と推定している［注3］。経営者代表としてピエール・ガターズが約束した「一〇〇万人の雇用」からはほど遠い。

いずれにせよ現在のフランス政府はこの結果に満足しているらしい。というのも政府は、法人税を三三％から二五％に下げ、さらに資金運用に対して富裕税を免除するといった減税を続けているからだ。

資金運用に富裕税を課さないというやり方は、不誠実のあらゆる記録を塗りかえるものだ。政府はこの政策の根拠として富裕層の国外移住を抑えること、貯蓄を投資へと誘導することを挙げている。このうち富裕層の国外移住について税務行政庁の数字を見ると、転出が年八〇〇世帯、帰国による転入が三〇〇世帯で、実質的な転出は五〇〇世帯（富裕税の納税義務者の〇・二％）だった。すなわち、国が年に獲得しそこなう税収は年に一億七〇〇〇万ユーロとなる[注4]。ということは、政府は年に一億七〇〇〇万ユーロ失うのを避けるために財産税の一部を免除して、年に三五億ユーロ失っているのである。

注1　Gilles Carez, *Rapport d'information, Assemblée nationale*, n°2689, 30 juin 2010.

注2　France stratégie, *Rapport 2017 du comité de suivi du crédit d'impôt pour la compétitivité et l'emploi*, Comité de suivi du CICE, 4 octobre 2017.

注3　*Le Mode*,《Emploi : le bilan décevant des premières années du CICE》, 29 septembre 2016.

注4　転出超過によってフランスが獲得できなかった二〇〇二年から二〇一二年までの年平均額。二〇一五年九月三〇日の財務省報告《Evolution des départs pour l'étranger et des retours en France des contribuables et évolution du nombre de résidents fiscaux》による。

次に、貯蓄を投資へ誘導するという説明はどうか。貯蓄を投資に回した場合、すでに発行されている株を取得するケースが九九％に上る。つまりこの金は企業の役に立つのではなく、株を売る人物の役に立っているだけなのだ一注5一。

問題は、こうした課税のやり方によって税収が下がり、国の赤字が膨らむことである。赤字を減らすために、どの国の政府も公的支出を削減する。社会福祉モデルは、一部の人々がこのモデルへの貢献を拒むようになってから、負担が重くて担いきれないとみなされるようになった。

社会福祉モデルは成長を助ける

公開討論の場では、明白な事実が話題に上らないことがよくある。それは、税や源泉徴収が、企業や国民から成長や消費の余裕を奪うための罰則ではなく、公共サービスと社会保障をまかなうもので、役立つことはもちろん、経済にも効果を発揮するということだ。

福祉を受ける権利が国民に与えられ、福祉国家モデルが浸透した第二次世界大戦後の時期には、経済史においてまれに見る成長がなしとげられた。経済成長によって少しずつ、より多くの国民が、それまで経験したことのない生活水準に到達していく。

一般通念とは逆に、国際的な比較研究では税率と成長率との相関関係は明らかになっていない。税率の高い国のほうが、低い国よりも力強い成長を示すことがある。たとえば一九九七年から二〇〇七年にかけてのスウェーデンは、日本より税率が高いにもかかわらず日本を上まわる成長を実現している（表を参照）。この例に見られるように、社会福祉モデルによる国の運営が成長を弱めるわけではない。成長が弱い原因は別のところにある。

1997～2007のGDP成長率の比較（世界銀行による）

	日本	スウェーデン
1997	1.0	2.9
1998	-1.1	4.2
1999	-0.2	4.5
2000	2,7	4.7
2001	0.4	1.5
2002	0.1	2.0
2003	1.5	2.3
2004	2.2	4.3
2005	1.6	2.8
2006	1.4	4.6
2007	1.6	3.4

しかし一九八〇年代に入ると、福祉によって獲得された成果が集中攻撃を受ける。アメリカ、次いでヨーロッパで再分配を重視しない税制が実施されたが、それは雇用を生まず、経済を立て直すこともできなかった。そうした税制は格差を広げ、赤字を拡大しただけである。経済学者ルカ・シャンセルは『耐えられない格差』と題された著書のなかで、OECD（経済協力開発機構）加盟国における現在の格差は、再分配（税と社会保障）の水準が三〇年前と同じだったと仮定した場合より四〇％大きいと述べている。国際的な比較研究からも、（アメリカおよびイギリスという）税率の下げ幅がもっとも大きかった国で格差が著しく拡大したことがわかる―注6―。格差が経済成長にとってマイナスに働くことは多くの研究で明らかである―注7―。

フランスでも格差の著しい拡大が見られる。トマ・ピケティによると、一九八三年から二〇一五年の間に、フランス国民のうちもっとも豊かな一％の平均収入が一〇〇％増えているのに対し、それ以外の国民の収入は二五％しか増えていない―注8―。

というのも、フランスの社会福祉モデルは戦後以降そのままの形で維持されているわけではないからだ。公共サービスや予算編成など、福祉国家の主要な柱は、ヨーロッパ統合が進むなかで根本的な変容をこうむった。公企業は民営化され、労働市場の柔軟化が進められた。すぐれた業績を上げていた独占企業は解体された。公共サービスの改善と立て直しのための公共投資は、欧州連合基本条約の協定によって禁止された。コスト削減を優先する企業論理が欠くべからざるものとなり、経営戦略が病院にまで導入されるようになった。利用者は顧客となり、社会保障の手厚さは薄れた。全体として、欧州委員会は福祉・税の共通の基盤を加盟国に課すことなく規制緩和を推進し、二八カ国の福祉モデルが競争せざるをえない状況を作った。これらの政策はみな公共部門を弱め、国民が公共サービス

注5 「怒れる経済学者たち」(A. Eydoux, M. Lainé, P. Légé, C. Rameaux, H. Sterdyniak)の《2018 : un budget de classe》, octobre 2017を参照。

注6 L. Chancel,《Insoutenable inégalité》, Les petits matins, 2017, p.68-69.

注7 ＩＭＦの論文〝M. E. Nabla-Norris, M. K. Kochhar, M. N. Suphaphiphat, M. F. Rick, E. Tsounta, Causes and consequences of income inequality : a global perspective, IMF, 2015およびＯＥＣＤの論文〝Tous concerné : pourquoi moins d'inégalité profite à tous, édition OCDE, Paris, 2015を参照。

注8 Thomas Piketty,《De l' inégalité en France》, Blog de Thomas Piketty, 18 avril 2017.

を利用できなくなる傾向を助長した。

公共サービスが意図的に脆弱化される一方、社会保障の不正受給が繰り返し議論される。こうした議論の背後には、そもそも再分配のしくみが無駄で、働く者の給料が天引きされるのに、「社会扶助を受ける日和見主義者」は職を探すより給付金をもらうほうを好んでいる、という考えがある。だが事実はそうではない。

不正防止委員会（DNLF）によれば、二〇一五年のフランスでは、脱税額がおよそ二一〇億ユーロだったのに対し、社会保障の不正受給額は六億七七〇〇万ユーロである。加えて（とくに給付が少額な場合や短期間の場合）、給付金を申請しない人もいる。現実の数字は不正受給に対する世の関心ほどには大きくないのである。さらに悪いことに、脱税や社会保険料の不正処理が無理もない行為とみなされるのに対して、社会保障の不正受給は大目に見られることはなく、厳格に罰せられるべきものとされる。この風潮からは、一種の貧困層嫌いが始まっていることがわかる。失業手当や医療費還付や退職年金を（権利ではなく）支援金になぞらえる政府関係者の相次ぐ発言が、それを物語っている。

実際には、三〇年以上前から社会福祉モデルに浴びせられている攻撃、設備の損耗、サービスの悪化などを前にして、公共サービスの利用者に苛立ちの感情が生まれ、やがて、サービスの門戸を市場に開こうとする政治家や専門家が正しいと感じるようになる。そもそも、それが最終目的ではないかと思われるほどだ。つまり政治家や専門家は公共サービスをあまり魅力のないものにして、民営化は避けがたいという方向に世論をもっていこうとしているのではないだろうか。だが公共サービスの民営化は（公営と違って民営では株主への支払いがあるから）サービスの利用料上昇を招くおそれがあり、サービスを利用できない人が生じる可能性がある。したがって公共サービスの民営化は消費者にとっては値上げであり、国にとっては税収の落ち込みである。

いずれにせよ、これからも非常に大きい需要に応えていかなければならない。交通機関とインフラの改修、都市計画、学校・病院・文化活動・安全対策・裁判所の整備、経済的に自立困難な人の援助、乳幼児の保育などである。こうした事業は、移転するおそれのない多数の雇用を生み、具体的な需要を満たすはずだ。それにはまず設備投資が必要で、つまり、債務を増やしてでも資金を調達するか、高額所得と高額資産に課税をしなければならない。

社会福祉モデルを攻撃する狙いは、国の領分を減らし、経済全体を民間部門に託すこと、それだけである。

実のところ、財力のある人々は社会福祉モデルがどうなろうと意に介さない。運営が企業だろうと自治体だろうと何の影響もなく、請求された額を支払うことができる(すでに彼らの多くはクリニックや私立学校を利用している)。一部のサービスや施設が民営化されても、財力のある人々は従来より高い料金を払うだろう。そして払うことのできない人は完全に閉め出される。大多数の人の利益にとっては、しっかりした社会福祉モデルを維持するだけでなく、それができるだけうまく機能するよう配慮することが必要である。

第9章

地球温暖化対策をめぐる欺瞞

アメリカの前大統領ドナルド・トランプとひと握りの頑固な気候変動懐疑派を除けば、地球温暖化が緊急の課題であることは誰もが認めている。平均気温の上昇、異常気象の多発、数千万人にのぼる気候難民が年々深刻になり、一刻も早く手を打たなければならないことを私たちは実感している。エマニュエル・マクロンの「地球をふたたび偉大な星に」からジャスティン・トルドー【二〇一五年からカナダ首相】の「みなさん、カナダは戻ってきました」まで、それぞれが独自のキャッチフレーズを口にして地球温暖化に本気で取り組む決意を述べた。

具体的には、温暖化への効果的な取り組みは四つの行動を柱とする。再生可能エネルギーの大規模な開発、エネルギー消費の効率および制御の向上への投資（とくに建物の改築が有効）、できるだけ地産地消でエネルギーを利用する（したがって自由主義協定を終わらせる）こと、循環型経済の推進（とくに廃棄物のリサイクルの拡大）である。

しかしながら現在なされている措置は、国による意欲的な介入政策ではなく、市場活動を促進するしくみに立脚している。つまりカーボンプライシング―注1―、助成金、課税、納税猶予である。これらの措置には一定の効果があるが、野心的なエネルギーシフトにつなげるにはあまりに不充分だと言わざるをえない。地球温暖化に正面から取り組むべきことはみなが知っているが、誰もそれを直接やりたがらず、遠まわりの方法を選んでいるのだ。

それはなぜかといえば、温暖化対策に正面から取り組むことは、大手石油会社の利益、そして石油会社に莫大な金を貸していてその出資金を回収したい大手銀行が代表する金融市場の利益を損なうことになるからだ。こうした大企業や銀行はみな、変化が緩慢になるように、そして消費者の多数派によって左右されるように、強力なロビー活動を行っている。

地球温暖化対策はいまや企業にとっても政治家にとってもキャッチコピーのようになったが、実行はされていない。以前は、本当の気候問題の懐疑論者（トランプはその生き残りだ）が地球温暖化を信じるなと声高に叫んでいた。現在では、表向きは地球環境を守る態度を見せながら実質的な行動はとらないという、前にもましてたちの悪い性格を帯びている。「〇〇をふたたび偉大に」という謳い文句に心を動かされる人々は残念ながらきわめ

―注1― 温室効果ガスの排出量に応じた上乗せ分を価格に加えるしくみ。排出量の多い生産方法でできた製品は高価になるので、環境への負荷が少ない製品の消費を促すことになる。

て多い。

豊かな国々の欺瞞

地球温暖化をめぐる議論では、豊かな国々はとくに中国をはじめとする新興国に対して、環境を汚すエネルギーを使いすぎていると非難する。それは事実ではあるが、経済的にも技術的にもエネルギーシフトに対応できる豊かな国々のほうも、模範を示しているとはいえない。

アメリカは世界市場に四〇〇万バレルの化石燃料（おもにシェールオイル）を追加した。カナダは（精製で生じる温暖化ガスの量が化石燃料のなかで最大の）瀝青質《れきせいしつ》のオイルサンドを開発した。シェールオイル開発をめぐって激しい議論がなされたフランスは、コールベッドメタン（炭層ガス、非在来型天然ガス。石炭層から採取するガスのこと）の採掘を、オー＝ド＝フランス地域圏とグラン・テスト地域圏で開始した。

ここ一〇年のエネルギー関連産業の発展を見渡すと、カナダとオーストラリアの石油利用が一〇年前よりも増えていることがわかる。アメリカ、カナダ、フランス、日本はガスの利用が、イギリス、ポーランド、イタリアは石炭の利用が増えている。こうした先進国で化石燃料の消費が上昇したことは、経済成長と人口増加だけでは説明がつかない。

このなかには、エネルギーの消費を抑えても生活水準が下がらない国がある。HDI（保健・教育・所得の三つに関する、その国の平均達成度を計る指標。人間開発指数）とエネルギーの年間消費量との関係でいえば、住民ひとりあたりの石油換算トン（TEP）が四に達すると、HDIの上昇が止まる。つまりこれは発展途上国ではエネルギーの消費が生活の向上に結びつくが（電気、衛生設備、家電製品といった基本インフラの利用でエネルギー消費が増える）、エネルギー消費が一定のレベル（この場合は四TEP）を超えると、生活に対する充足感はもう上がらない（それ以上のエネルギー消費は余分なものになる）ことを意味している。

ちなみに、アメリカ、日本、スウェーデン、オーストラリアなどはこの数値を上まわっている。つまりこれらの国では、エネルギーの消費量を減らしても生活の質が下がる心配はないのだ。生活の必要からエネルギー消費を減らせないわけではない以上、意識的に減らす選択をすることが求められる。

二〇〇〇年以降、石油と天然ガスの確認埋蔵量は石油が二一％、天然ガスが二六％増えたが、（二一〇〇年までに気温上昇を二℃以下に抑えるという）COP21の約束を守るためには、これらの資源の三分の二を地下に残す必要がある。二〇〇四年から二〇一四年にかけてエネルギー価格が上がった結果、関連会社は見込みを上まわる利益に恵まれ、研究と探査にまとまった投資をした。しかし、探査の対象は相変わらず化石燃料だった。二〇〇八年、大手石油会社上位五社のエクソン、シェル、BP、シェブロン、トタルはみな二〇〇億ドル以上の利益を上げ、エクソンの利益は四五〇億ドルだった。みな先進国から採掘に来た――そして二〇世紀の温暖化の責任を多く負っている――会社だが、そうした企業を有する国の政府は、エネルギーシフトを促進するために新税を打ち出そうとはしなかった―注2―。石油価格の上昇によるこの思いがけない恩恵は、脱石油を想定し、再生可能エネルギーを発展させるための強い原動力になったはずなのに、実際には新しい鉱床を見つけるための探査と生産の資金を四倍にすることにつながった―注3―。

このとてつもない投資によって、いくつかの非在来型化石燃料の収益が見込めるようになった。その典型的な例がシェールガスとシェールオイルである。アメリカでは、とくに二〇〇五年のエネルギー政策法の施行によって、シェールガス・オイル【シェール層からはガスと同時にオイルも採掘できる】が大きく発展した。これは石油会社にきわめて有利な法的枠組みで、石油会社は環境規制を免除され、税制上も優遇されるのである。

結果はたちまちにして現れた。数年のうちにアメリカはシェールガス・オイルの坑井を一二万増やし、国内で稼働する坑井を一〇〇万の大台にのせた。カナダは瀝青質のオイルサンド（環境汚染度で最悪）の生産を開始し、シェールオイルにおいても開発の一歩手前まで来ている。フランスでは二年近くにわたって政治家、ジャーナリスト、専門家によるシェールガスの議論が続き、開発を支持する論説が書かれたが、その書き手たちは一年後、COP21の合意を称賛することになる。シェールガスによく似たコールベッドメタンの開発はフランスのロレーヌ地方とオー＝ド＝フランス地域圏で始まり、そのころ経済相だったエマニュエル・マクロンは、採掘地の住民に環境面のリスクがあるにもかかわらず、国際競争を理由に開発を支持した[注4]。

私は二〇一四年二月六日、コールベッドメタン調査団に招かれて、ノール＝パ・ド・カ

注2　原油価格が高騰した一九七〇年代には、アメリカが石油会社の想定外の利益に対して新税を導入したことがある。

注3　T. Porcher & H. Landes, Le déni climatique, Max Milo, 2015, p.23.

レ地域圏の議会で行われた公聴会に出席した。私は、この非在来型ガス開発に将来性がないことを説明し、近隣住民の健康をはじめ、周囲の環境に与える悪影響がアメリカ以上に大きくなる理由を述べた。

公聴会で私が紹介したアメリカの研究者たちの学術論文には、坑井から半径〇・五マイル、つまり八〇五メートル以内に暮らす住民に、有毒廃棄物が原因でがんを発症する確率が高いことが書かれていた―注5―。アメリカの研究者たちが調査したコロラドの人口密度が一平方キロメートルあたり一九人であるのに対し、ノール＝パ・ド・カレの人口密度は三二四人。健康に影響を受ける住民の数はおそらく、コロラド以上に多くなるはずだ。それで私は、コールベッドメタンの支持者（議員と経営者）が事情をふまえて行動してくれるように、この学術論文を最終報告に添付することを求めた。

ところが、調査団の何人かから意外な質問が発せられた。プティ氏という人物はこう発言した。「その論文は何ページあるのですか」、「前に読んだあの論文ではないかな」。続けて彼は「その論文は読んでいると思う」、「影響を相対的に見る必要がある」、「その論文を振りかざすのはたいてい、研究の進展に反対する人々だ」という意味のことを言った。研究者である私が、アメリカの研究者の学術論文を振りかざして、研究の進展に反対する……。この発言をしたプティ氏は、自分が「それを読んでいると思う」というだけで、その「影響を相対的に見る必要がある」と断定するのだ。

この論文で使われた方法の妥当性が科学者グループのなかで議論される余地はあるだろう。しかし、この論文が存在し、それが住民の健康という重大な事柄にかかわり、他の研究に四〇〇回以上（この公聴会当時は七二回）引用され、したがって公聴会に居合わせたメンバーの誰かがどう言おうと最終報告に組み入れるべきことは認めなければならない。

この種の経験から思い起こされるのは、狭い思考の枠によって、自分では気づかずに鈍感になる人がいることである。私が健康上の影響について触れた周辺住民は、調査団のメンバーの一部を選んだ人たちでもあった。また私は開発が気候に及ぼすリスクについても語ったが、このときはまだパリでCOP21が開かれる一年数カ月前だった。調査団のメ

注4 Challenges,《Le gaz de houille lorrain, le nouveau pari de Macron》, 27 mai 2016.

注5 L. M. McKenzie, R. Z. Witter, L. S. Newman, J. L. Adgate,《Human health risk assessment of air emissions from development of unconventional natural gas resources》, Science of the Total Environment, vol. 424, May 2012, p.79-87.

ンバーが私の主張を聞き入れなかったのは、私の主張が彼らの思考の枠を超えていたからだ。彼らにとって、もはや私の話は聞くに堪えないものであり、彼らの目には嫌悪すべきエコロジストかつ極左と映ったようだが、私の主張には事実と科学的研究の裏づけがある。私の主張は、あのプティ氏との間で経験したやりとりよりも質の高い議論で取り上げられる価値があったはずだ。

北極の化石燃料の問題もまた、気候変動をめぐる欺瞞の大きさを測るのに絶好のテーマである。海氷の融解は地球温暖化の危険、そして緊急に対策を講じる必要を国際社会に知らせている現象だが、実際には、それは化石燃料をはじめとする原材料が北極にあるかどうかを確かめる機会になってしまった。シェル、スタトイル【現エクイノール、二〇一六年に改称】、BP、トタルといった主として先進国の会社が、現在、さまざまな計画にかかわっている。こうした会社を持つ国の政治指導者はひとりとして北極開発の試みを非難しないが、彼らはみな気候変動抑制を目的とするパリ協定を支持している人々だ。

現実には、パリ協定を批准した政治指導者の誰も、温暖化に対して真剣に取り組もうとはしていない。真剣に取り組むつもりなら、(たとえ民間企業であっても)自国の会社が環境の要請に応えるよう、強い措置を講じるはずである。しかし実際は、問題に正面から立ち向かうよりも、企業を拘束する力のほとんどない政策が推奨されている。

地球温暖化に対する市場の対策

主流派経済学の考えでは、競争は技術革新を促し、価格の低下をもたらす。問題は、市場価格にマイナスの外部性（汚染による損害および温暖化への影響）が含まれていないことである。したがって対策としては、財の価格に（おもにその財の輸入国が決める）炭素価格（できれば別の市場で、もちろん！）を加えて、消費者と生産者の選択を、環境に負荷をかけないエネルギーに向かわせる方法が考えられる。

このような論理は経済をあるがままに受けとめながら、その動きを修正することを目的とする。たとえば、ヨーロッパの生産方法は環境を汚染するから、カーボンプライシングのしくみを作って、排出される温室効果ガスに応じて価格を上乗せし、汚染につながる生産活動の収益性を下げる。再生可能エネルギーについても同様である。いま機能している経済では投資が充分ではないので、再生可能エネルギーに助成金を出し、他のエネルギーよりも優遇する措置を講じる。企業が自発的に再生エネルギーを利用するように仕向けたいというわけだ。こうしたやり方には一定の効果はあるが、経済の不完全な機能を補う程度で、問題の核心に迫るものではない。だからこそ、こうしたやり方であれば企業経営者も受け入れるのだ。

再生可能エネルギーの支援にあたっては、市場競争力を上げたうえで、他のエネルギーとの競争に委ねるという方法がとられている。しかし、この支援方法を考慮に入れても、競争の条件は再生可能エネルギーにとってきわめて不利である。さまざまな産業部門のプレーヤーからなる再生可能エネルギー企業が対決する相手は、長い歳月を経て確立された技術とインフラを持ち、政府や自治体に働きかける力もある手ごわい事業者たちなのだ。

そうした事業者はきわめて有利な条件で、つまり独占企業や公社として発展してきた。彼らの発展は市場競争を勝ち抜いた結果ではなく、国の政治選択である。彼らには力があり、市場の条件に影響を及ぼすことができる。再生可能エネルギーのプレーヤーは、たとえ支援を受けていても、不利な地位に置かれたままである。かつて原子力、天然ガス、石油、石炭に適用された長期にわたる政治選択が、支援策と自由な市場を組み合わせたハイブリッドなモデルを生んでいる。このモデルのこれまでの成果は芳しいものではなく、再生エネルギーが発展しても既存エネルギーからマーケットシェアを奪うのは難しい。かりに原子力が現在の再生可能エネルギーと同じ条件下に置かれていたら、フランスでこれほど発展することはなかっただろう。

再生可能エネルギーを本当に発展させるつもりなら、原子力発電を対象として一九六〇年代にやったのと同じことをやる必要がある。つまり、野心的な目標を定め（当時フランスでは一〇年間で五〇以上の原発が建設された）、公的な独占企業による、競争から守られたエネルギー開発のためにしっかりと国を引き入れることである。そのためには強靭な政治的意志が必要だが、まさしくそれが欠けている。

価格シグナル【その製品の価値を価格で判断する効果】は、エネルギーシフト開始にあたって流行しているもうひとつの手段である。これは、カーボンプライシングや環境税によって、商品の価格に環境への負荷分を上乗せするもので、消費者の購買意欲を環境にやさしい商品へ向ける狙いがある。つまり、汚染源となる生産工場から届く商品は、そうでない工場から届く商品よりも高くなる。

条件によってはきわめて有効なこの価格シグナルも、事実に即して見るとその効果に限界がある。石油の場合を見ると、二〇〇二年に二〇ドルだった価格が、二〇一四年には五倍の一〇〇ドル以上になった。理論的には、これだけ価格が高騰すれば自動車製造にも市民の移動方法にも根本的な変化が生じたはずである。実際、変化はフランス人の行動に見てとることができ、公共交通機関が利用できる場合は車よりも電車やバスを選んだり、車の買い替えでより小さい車種を選ぶようになっている。

しかし全体として、買い控え―注6―や別物買い―注7―が働いたのは一部にとどまった。石油は用途が広いだけに、代わるものを見つけにくい財なのである。燃料の価格がどうであれ、職場までの距離が遠く、公共交通機関に恵まれない人は、自分の車を使うしかない。こうした状況で消費の抑制を目的に価格を上げるよう推奨しても、効果は限られている。

価格シグナルは、運用のための条件が整ったとしても、結果が裏目に出ることがある。発展過程がほぼ同じふたつの代替材、天然ガスと石炭【天然ガスのほうが石炭より二酸化酸素排出量が少ない】の場合がそれにあたる。シェールガスの発展はアメリカにおいてガス価格の低下をもたらし、ガスを石炭より好まれるものにした。アメリカで石炭の需要が減るにつれてその価格が下がり、石炭はヨーロッパの購買意欲をそそることになる。結局、アメリカの石炭消費はヨーロッパへ移っていった。

アメリカの視点では、ガス価格の低下によって石炭からガスへの移行が実現したわけで、価格シグナルに効果があったことになる。しかし世界全体で見ると、消費とそれにともなう汚染の場所が移動しただけで、違いは生じていない。一般的に言って、技術の発達や共通の規制がないと、ある国の市場が失うものを別の国が取るものなのだ―注8―。

政治指導者と専門家がいま盛んに言及している措置が、炭素市場の構築である。つまり炭素の価格を定めて、環境に負荷をかけない製造方法へと企業を促し、温暖化を抑える。しかしこれまで見てきたように、価格シグナルに効果があるとは限らない。とくにヨーロッパの炭素市場は、そもそも市場が人間の作るものであって、必然的に隠れた力関係が働くことをあらためて示している。

炭素市場の計画では、国ごとに、排出源である企業と産業部門に温室効果ガスの排出量の上限を定める。その後、市場の働きによって、排出量の多い企業は、排出量を上限未満

―注6― 価格が上がったときに注文を減らす行動(%による比較)。

―注7― ある財の価格が上がったときに別の財を選ぶ行動(%による比較)。

―注8― T. Porcher & H. Landes, Le déni climatique, Max Milo, 2015, p.29.

に抑えた企業の割当て量を買うことになる。割り当てられた排出量は強力なロビー活動によって緩く設定されているので、炭素価格は著しく下落している。企業を温室効果ガスの排出削減へ向かわせるのが炭素市場の原理だったのに、結局それは企業を現状維持の方向へ導いただけだった。

こうした解決策は、根本的な構造的変化を課すわけではないので、企業に歓迎される。政治指導者は人員削減の後押しをするときは率先して構造改革を促すが、製品が環境面の要求にかなうよう、その供給を変化させるとなると動きが鈍くなる。むしろ逆に、政治指導者は企業への税を減らし、（マクロン仏大統領とトランプ前米大統領の場合）環境規制を緩め、基準を満たさない製品、従来どおり環境に負荷をかける製品の生産を助長している。

地球温暖化は市場原理に委ねることができるような簡単な課題ではない。市場原理による働きかけには、生産者と消費者の選択を導くのに一定の効果があるが、経済全体を新しい方向へ向かわせるには不充分である。市場原理による働きかけが政治家や企業経営者の圧倒的な支持を得ているのは、それが供給を気候の課題に合わせるという、温暖化問題の核心に触れるものではないからだ。残念なことに、一部の者の短期的利益を守るために人類全体を未知の危険にさらそうとしている人々がいるのである。

第10章

ほころぶ欧州連合

かつて「新たなヨーロッパを目指す」ことを目指した欧州連合計画は約束どおりにいかなかった。本当ならそれはヨーロッパ市民に、画期的で創造的で活力のある知識経済を提供し、質の高い雇用を創出するはずだった。ところが、その計画がもたらしたのは失業の増加、格差の拡大、社会保障の低下、加盟国間の減税競争、生産と金融の規制緩和だけだった。二〇〇八年にアメリカ発でサブプライム住宅ローン危機が生じたとき、ヨーロッパはアメリカ以上にその克服に苦労し、ユーロ圏の危機を招いた。いまでもヨーロッパの多くの地域が、二〇〇八年当時より厳しい財政状況にある。

この失敗の原因は、危機の期間に、そして二〇一一年以降に実施された政策にある。危機を食い止めるために、アメリカでは前年比で四・二ポイント増の予算を組んだが、ユーロ圏は一・六ポイント増にすぎなかった。アメリカがためらうことなく赤字を拡大させて成長を支えたのに対し、ユーロ圏は二〇一一年から緊縮政策を実施した。どれもがヨーロッパ統合を起源とする間違った経済政策で、加盟国間の協力よりも競争を助長した。

問題は、欧州連合計画に対するどんな批判も受けつけない、宗教的なまでに頑なな態度が存在するらしいことだ。さらにそのことを少しでも指摘すると、過激主義者とみなされる。しかし、批判に背を向けたり、難点を指摘する者を非難していては、いまあるヨーロッパの計画を変えることはできない。批判抜きで新自由主義的政策や緊縮政策が進められたからこそ、反欧州連合の感情が高まったのだ。ヨーロッパの一部がつぶされるのを容認しないこと、それはまさにヨーロッパへの愛情の証である。私たちが望むのは、もっと民主主義的で、連帯感に裏打ちされ、協調性と環境への配慮があるヨーロッパだ。それは欧州委員会を媒介とするヨーロッパとはまるで違う。

危機から十数年のいま、私たちがいる場所

二〇〇八年の危機によって、ユーロ圏の欠陥と、ユーロ圏の加盟国間の利害対立が浮き彫りになった。危機の乗りきり方はひどいものだった。アメリカが赤字拡大を承知で成長を支えたのに、ユーロ圏では二〇一一年以降あまりに早く赤字を減らそうとし、経済を回復できなかった。危機のさなかに緊縮財政で赤字を減らせば、経済活動を弱めることになる。この政策の結果、アメリカが四年で危機前のGDPの水準を取り戻したのに対し、ユーロ圏は九年もかかった。人口の増加を考えあわせると、現在ユーロ圏で暮らす人々は

二〇〇七年よりも貧しいといえる。

フランスは二〇一四年にようやく二〇〇七年当時のGDP水準を取り戻したが、ブルターニュ・フランシュ＝コンテ、グラン・テスト、オー＝ド＝フランスではいまも危機前の経済水準に達していない。これらの地方に暮らす人々は危機の前よりも貧しい生活を強いられているのだ。

同様に、スペイン、ギリシャ、イタリアといった南ヨーロッパ諸国は危機前の生産水準を回復できていない。このうちギリシャは、緊縮政策の実験台になった。市民が神聖不可侵のEUのためにどれほどの構造的調整――退職年金や障害者年金の引き下げ、公的部門の予算削減――に耐えられるかを確かめる壮大なフィールドワークである。この政策の結果はギリシャにとって惨憺たるものだった。GDPが二〇〇八年と比べて二五％減少し、公的債務はGDPの一五〇％、失業率は二七％に上った。このような結果になっても、欧州委員会と欧州中央銀行とIMFはギリシャに対する干渉を続け、その間ヨーロッパの一部の国はギリシャの実情を見ようとしなかった。これもまた経済が中立的でない証拠である。少しでも良識をそなえた人間なら、この状況にブレーキをかけようと思うだろう。

自称ヨーロッパの擁護者たちは、南ヨーロッパ諸国が緊縮政策におしつぶされているのに文句を言わず、模範としてドイツを引き合いに出したがる。たしかにドイツは財政黒字を実現し、公的債務を二〇〇五年の水準に戻し、貿易も黒字である。これら三つの指標に経済学者は感嘆する。だがこの成功には立派とはいえない裏面がある。ドイツは二〇〇〇年から二〇一〇年にかけて格差がもっとも拡大した国で、この期間に貧困率は五四％上昇し、貧しい労働者の割合は二倍になり、ふたつの仕事を持つ人々が八〇・七％増え、貧しい退職者の数も三〇％増加した。さらに、設備投資の不足によって公共インフラの劣化が生じている。ドイツは豊かな国でありながら貧しい人々が多いのだ。そしてもっとも深刻なのは、とくにヨーロッパの主要機関を通じて、ドイツの経済政策がヨーロッパ全体に押しつけられていることである。

財政学者のスティーヴ・オアナはこう指摘する。「ヨーロッパは一種の更生施設となり、ドイツはヨーロッパの主要機関を自らの利益のために味方としつつ、この更生施設を全面的に掌握《しょうあく》した」[注1]。現在、ユーロ圏の国々はみな、自らすすんで、あるいは欧州委員会・

[注1] S. Ohana, Désobéir pour sauver l' Europe, Max Milo, 2013.

欧州中央銀行・IMFに強いられて、ドイツの経済政策の基本的内容を実行に移している。イタリア、スペイン、ポルトガル、ギリシャに次いでフランスが労働市場改革に乗り出したのはけっして偶然ではない。

フランスはドイツにとって信頼できる存在になるために改革を進める必要がある、とマクロン大統領が主張するのも偶然ではないし、欧州中央銀行が（インフレ抑制、強いユーロなど）ドイツ経済に合った通貨政策を行うのも偶然ではない。すべてがドイツを手本にしていて、ドイツモデルの着実な適用を担っているのがヨーロッパの主要機関なのだ。

この政策の影響で、ヨーロッパ各地に極右勢力が台頭している。自国通貨を維持するとともにEU予算への資金拠出を抑えていたイギリスがEU離脱に踏みきったことは、新たなヨーロッパの計画が、いまのままでは、一部の社会階層にとって懸念材料であることを示している。

EUは、加盟国に社会保障を削り税負担を軽くする競争をさせ、自由貿易協定によって市場の門戸を開きつづけることで、グローバル化にともなうマイナスの影響をひたすら拡大してきた。EU憲法の批准をめぐって二〇〇五年にフランスで行われた国民投票【投票の結果、反対55%、賛成45%で批准は否決された】をフランス政府は尊重しなかったが、これは、各国の議会の議決より先にEU・カナダ包括的貿易投資協定（CETA）を適用したのと同様、ヨーロッパが民主主義的というより官僚的であることを示す。その証拠に、イギリスのEU離脱とヨーロッパにおける極右勢力台頭に対して、欧州連合はいかなる解決策も提示していない。危機の兆しがいくつも見られるのに、これまでどおり競争と緊縮政策を推奨しつづけているのだ。

ヨーロッパの構築が国家間の競争に拍車をかける

ユーロを総括すると、その成果はフランスでも南ヨーロッパ諸国でも芳しくない。為替レートによる変動がなくなって貿易がしやすくなった点を除けば、統一通貨はユーロ圏の国々に（通貨の切下げができないという）通貨政策の硬直性を押しつけ、それはさまざまな国の社会・税制モデルの競争となって現れた。そしてドイツが賃金の抑制を強力に実行しはじめたため、ドイツ製品との競争にさらされる国の企業はドイツのやり方に追随するほかなくなった。この競争の結果、減税への圧力と賃金の抑制が生じた。

たとえば二〇一四年、社会保障の企業負担分の軽減を含むフランソワ・オランド【二〇一二年から二〇一七年までフランス大統領】による責任・連帯協定は、フランスの労働コストをドイツよりも軽くすることを目的としていた。この無謀な取り組みが可能だったのは、ヨーロッパ諸国が同じ通貨を共有しているからだ。ユーロがなかったらドイツマルクは価値が上がり、フランは（他のヨーロッパ諸国の通貨と同じく）価値が下がって、フランス企業の競争力は回復するはずである。

現実には、ユーロによって通貨と予算の硬直性が強まり、労働があらゆる調整の対象となった。ユーロ移行後、平均賃金が上昇する一方、格差は拡大した。たとえばもっとも所得の低い一〇%の平均生活水準は、二〇〇〇年までは上昇傾向にあったが、二〇〇二年のユーロ移行後は下がってしまった。逆に、もっとも裕福な一〇%の生活水準は、二〇〇三年からほとんど上がりつづけている［注2］。

なかには次のように言う人もあるだろう。フランスの競争力は（単一通貨がもたらした）コスト面の競争力に左右されるだけでなく、（不思議なことに政治家の興味を引かないらしい）製品の専門化とラインナップの問題にも左右されると。そのとおりである。しかし統計を調べると、フランスの加工業の雇用と貿易収支は二〇〇〇年以降、低下しているのである。

最終的に、経済力も人口も異なる国々に（安定・成長協定という）同一の基準を課すことで、そしてそれらの国々から予算と通貨の裁量を奪うことで競争の道に突き進むユーロ圏では、労働コストを下げようと国同士が競い合うことになった。ドイツはこの難局を他の国々よりもうまく切り抜けた。もしユーロがなかったら、ドイツの通貨は価値が上がって競争力を失っただろう。しかし経済面のこの成果はそれほど褒められるものではなく——二〇〇七年から二〇一五年までのドイツの年平均成長率は〇・八％——、自国の賃金労働者を犠牲にして賃金を大幅に抑制したことで得られた結果にすぎない。

自由競争の原理によって築かれたEUは、加盟国の社会福祉と税制モデルの競合をもたらした。このネガティブ・サム・ゲーム【勝者と敗者の損益の合計がマイナスになると考えられる取引】は加盟国をいわば最低価格での入札に引きずり込むため、税収と賃金労働者のための社会保障がヨーロッパ各国で急速に減ってしまうおそれがある。さらに欧州連合の構築におい

注2｜A. Brunner & L. Maurine (sous la direction de), Rapport sur les inégalités en France, Observatoire des inégalités, juin 2017.

ては（競争は幸福を生み出すという考えによって）加盟国は互いにパートナーではなくライバルになるので、警戒感を抱き合うようになる。ユーロの導入は、経済発展のレベルも人口も違う一九の国に同じ基準をあてはめることで、その傾向をさらに強めた。結果として、市民生活にひどい影響が生じている。二〇〇八年の危機から一〇年後、緊縮政策によって多くの人の生活が損なわれ、若い世代には失業か非正規雇用かの選択肢しかなくなり、ナショナリズムや外国人排斥を掲げる政党の著しい台頭が見られるようになった。

第11章

全面的支配の切り札――自由貿易

いま、自由貿易を推奨することは、自由世界を守る人間であることを意味する。逆に、保護主義を口にすると、悪の陣営の手先とみなされる。専門家のほとんどはこの問題について極度に二元的な考えを持っている。自由貿易が成長、雇用、自由、平等と同義であるとされ、保護主義は内向、過激主義者の台頭、退歩につながるとされる。すでにおわかりだと思うが、これについても現実はずっと複雑である。

経済において、自由貿易は保護の禁止にほかならない。つまり自国の生産物、雇用、国民、製品の規格、安全、文化を守ることを禁じるのだ。一八世紀にアダム・スミスが唱え、一九世紀に（細部を洗練させる形で）デヴィッド・リカードが継承した自由貿易理論は、（高校の最終学年から）経済学を専攻するすべての学生に教えられ、第二次世界大戦の末期以降に実施された経済政策の根拠とされている。

スミスは『国富論』（一七七六年）で、自国での生産コストより安い生産物があれば、どの国にとってもそれを輸入するのが得だと述べた。そして、利用可能な資源をうまく使うために、それぞれの国が、絶対的優位を誇る専門の生産物（隣国よりも生産コストが安い生産物）を持つことを推奨した。しかし、優位に立てる生産物を何も持たない国が存在すること、そのような国は国際貿易に加わっても利点がないことは、スミスの視野に入っていない。

ところでスミスの時代にはすでに、自由貿易があらゆる人のためになるという思想を広めて、一部の国の支配欲を見えにくくする必要があった。リカードはスミスの考えを敷衍《ふえん》して、比較優位に基づく貿易理論を一八一七年に発表する。リカードによれば、それぞれの国は比較優位を持つ財の生産、つまり有利さが最大であるか不利さが最小であるような生産を専門とすることで利益を得られる。リカードが発展させた理論によって、それまで以上に多くの国が自由貿易に加わったが、基本的な考え方はスミスと変わらない。すなわち、輸出において優位に立てる生産物を専門とし、経済の門戸を開くこと。なぜなら、互いにとって好都合なのが自由貿易だからである。

リカードの理論は他の経済学者―注1―によって改良を加えられたが、自由貿易があらゆる人のためになるという本質は、別の潮流の経済学者から矛盾を指摘されたにもかかわらず―注2―、経済政策の立案のなかでほとんど再検討されなかった。

―注1―とくにエリ・ヘクシャー、ベルティル・オリーン、ポール・サミュエルソン、ポール・クルーグマンら。

それゆえ、とくにＩＭＦから融資を得ようとする貧しい国々は（コンゴは石油、コートジボワールはカカオ豆といったように）優位に立てる生産物を専門とするよう、そして経済を国際市場に向けて開くよう求められた。しかし歴史をふり返ると、豊かな国のほとんどは都合のいいときに保護主義を利用し、自分たちが強い立場にあるときだけ自由貿易を熱心に支持してきたことがわかる。

自由貿易の美しいイメージと現実

ヨーロッパが自由貿易のおかげで発展したとする歴史観が頻繁に紹介される。一八一五年以来、イギリスでは穀物法によって農業経営者に高い価格が保証され、外国産小麦の輸入が禁じられていた。一八四六年になって輸入小麦にかけられていた関税が撤廃され、イギリスは外国との競争に臨むことになった。歴史的に見るとその経済効果はきわめて高かったので、自由貿易政策がヨーロッパに広がり、とくにフランスは一八六〇年にコブデン＝シュヴァリエ条約【英仏通商条約】と呼ばれる自由貿易条約をイギリスと結んだ。それからの一〇年でヨーロッパでは同種の条約が一〇〇あまり締結される。

しかし自由貿易への転換は数年後、一八七三年の不況によって中断し、最初の自由化の波は止まる。第一次世界大戦後、国際連盟の創設によって、各国は貿易における多国間主義の土台を築こうとするが、一九三〇年代の不況でふたたび保護主義が復活する。これが第二次世界大戦の引き金になったとする説もある。戦争が終わると、ＧＡＴＴ[注3]、次いでＷＴＯ[注4]を通じて自由貿易が浸透し、韓国や中国など当時貧しかった国も経済成長を実現する。国際的な通商は相互依存の絆をはぐくみ、戦争を防ぐ盾となった、と

注2　フリードリヒ・リストの幼稚産業保護論、アルジリ・エマニュエルの不等価交換論、サミール・アミンの中心と周辺の関係をめぐる理論はみな、リカード理論を再検討するものである。たとえばリストは、生まれたばかりの工業を守るべきこと、国際競争にさらすのが早すぎてはいけないことを訴えた。アルジリの不等価交換論とアミンの中心＝周辺理論は、国際貿易において富裕国が後進国に及ぼす影響を明らかにした。

注3　関税および貿易に関する一般協定。関税を引き下げ、国による差別のない貿易体制を構築して、自由貿易を促すことを目的に発足。

注4　世界貿易機関。

いうわけである。

しかし歴史的現実を注意して眺めると、このような説には若干の単純化が認められ、不公平についての言及が欠けている。たとえばイギリスが自由貿易を受け入れたのは、市場の門戸を開いても心配がないほど国力がついてからである。イギリスは保護主義政策に守られながら発展したが、その政策の代表的なものが一六五一年に可決された航海条例で、これは植民地と主要都市との貿易の独占権をイギリス船だけに認めるものだった。

自由貿易協定のこれまでの歴史を調べると、一部の協定のプラスの効果について論争が続いていることがわかる。たとえば歴史家のジャン・シャルル・アスランは、コブデン＝シュヴァリエ条約が一九世紀後半にフランス農業が遭遇した難局の一因であり、輸入の急増によってフランスの貿易黒字が急速に減少し、赤字に転じたとみなしている。また経済史家のポール・ベロックは、一八七三年の大不況が貿易の自由化に関係していると見る—注5—。

ベロックはヨーロッパで関税がもっとも低かったときに危機が始まり、保護主義への回帰が現実となった一八九二年ごろに沈静したことを確かめた—注6—。ベロックによると、大不況は一八六六年から一八七二年にアメリカの穀物がヨーロッパへ大量に流入したことによるという。アメリカが自国の経済を関税によって保護していたために、ヨーロッパは輸出で損失を埋め合わせることができなかった。それで一九世紀に就業人口の六〇%を占めていた農民は貧しくなり、結果として工業製品の需要と建設業を鈍らせ、ヨーロッパの経済全体が危機に陥った。

ここで、世界でもっとも力のあるアメリカの発展が、強力な保護主義によってなされたことを想起しておこう。初代大統領ジョージ・ワシントンの側近のひとりアレクサンダー・ハミルトンは保護主義の熱心な理論家だった。(ドイツでフリードリヒ・リストが一八四一年に提案を行うはるか前の)一七九一年には、生まれたばかりの産業を保護するよう提案している。ハミルトンは、ライバルと互角に渡りあう規模に達していない企業が国際競争に臨むのは命取りであると知っていた。後の大統領エイブラハム・リンカーンも、同じ考えを毅然とした口調で述べた。「私は関税について詳しいわけではないが、これだけは知って

注5 | J. Tosti,《Les accords commerciaux préférentiels dans l'histoire》, *Les Possibles*, n°4, 2014.

注6 | P. Bairoch, *Mythes et paradoxes de l'histoire économique*, La découverte, 2005.

いる。外国から工業製品を買うと、私たちには品物が、外国人にはお金が手に入る。しかしその品物を国内で買えば、私たちには品物と同時にお金も手に入る」。

そもそもアメリカ人は、現在も含めて、つねにヨーロッパ人より保護主義的な態度を示してきた(保護主義を軸に選挙戦を戦ったドナルド・トランプが大統領になる前でさえ)。たとえば、公募型競争入札でアメリカ企業が選ばれることを義務づけたバイアメリカン法のような法律は、ヨーロッパでは競争を阻害するものとして禁止されている。

グローバル経済の支持者たちは中国や韓国の発展を引き合いに出して、自由貿易を正当化するが、こうした国の成功は自由貿易の恩恵だけでなく、保護主義、自由貿易、為替操作を巧みに組み合わせたことによるものだ。

たとえば中国は、いきなり門戸を開放して自国の産業を国際競争にさらした他の新興国と違って、東側の地域からきわめてゆっくりと経済を自由化していった。そして韓国は、国内産業を輸入品から守るため補助金と関税障壁を用いたおかげで、LG、ヒュンダイ、サムスンを世界屈指の企業に育てることができた。かりにこれらの企業が外国との直接競争に委ねられていたら、現在の繁栄はなかっただろう。比較優位の理論を文字どおりに適用していたら、韓国の基幹産業はいまなお単純労働分野に限られていただろう。当初、韓国はそれだけが比較優位分野だったからだ。

自由貿易は、何を専門とするかによって価値が異なる、不平等な覇権争いである。ハイテクを専門とすることは、ピーナッツやカカオ豆の生産を専門とすることとはまるで違う。だが、世界銀行やIMFなどの国際機関に促されて比較優位理論の実践を受け入れる貧しい国々は、何らかの原材料の生産を専門とするよう強いられる。産業がなく、（比較優位理論に従わないかぎり）資金を貸してくれる相手もいないとき、幸運な国は石油や天然ガス、そうでない国は銅、カカオ豆、バニラの実など、自然が与えてくれた優位を頼ることになる。したがって発展途上国は（それ以外にほとんど何も作っていないので）原材料を輸出して必要なその他のものを輸入する。

コンゴ共和国がその好例で、この国は輸出全体の九〇％を石油が占め、農産物を輸入しているが、結果として潜在的な農業生産能力の四％しか使っていない。他方、豊かな国々は、産業を特定の分野に絞ることなく、工業製品、農産物、サービスを生産している。つまり先進国の経済が多様であるのに対し、貧しい国の経済は（リカードの理論どおりに）単一の輸出品しか持たない。先進国から押しつけられた原理を守ってきた発展途上国は（そうするほかに融資を得られない以上、他の選択肢はなかったのだが）、貧しい状態のままである。

自由貿易——貧困国を支配する原理

自由貿易が有力な理論として認められているのは、少数の強国（とりわけそうした国の企業）にとって都合がいいからである。これら強国の主要産業はより低いコストで製造するために、また新しい販路を見いだすために、市場の拡大を必要とした。そのような状況のもとで一九四七年にGATTが設立され、一九九五年からはWTOに役割が引き継がれた。根底においてWTOは各国を平等に扱い、具体的には互恵、透明性、最恵国待遇条項の普及を目指しているように見える。この条項は、ある国が別の国をおもに関税率において優遇した場合、貿易相手国すべてにその優遇を適用すべきこと、そして外国の生産者が国内の生産者と同じ規則に従うべきことを定めている。

しかし、内容も形式も立派な原則——透明性ある取引と多数の国の結集——を掲げてはいるが、この多国間主義には巧妙なごまかしがある。多くの場合、豊かな国が交渉の決定事項を定め、規則の決定過程のかけひきで意見が通るように準備してきた。そうした国はまずWTOの設立を遅らせたが、それは貿易を仕切りたいと望み、他国の産業を発展させまいとする意図があったからだ。有力企業に広い市場が必要になってようやくWTOがGATTを引き継いだ。WTOは自由主義的な方向性を推進し、少数の強国の企業利益に奉仕しつづけている。

たとえば、豊かな国は（自分たちだけが持ち合わせている）テクノロジーに関連する部門の自由化は受け入れるが、（農業や繊維産業など）競争を強いられる部門の開放は拒んできた。全体として、ウルグアイ・ラウンド【一九八六年に開始されたGATTの多角的貿易交渉。一九九四年に合意が宣言された】で決められた数字がすべてを物語る。途上国の人口の割合が世界の八五％を占めるにもかかわらず、貿易収入のうち途上国に入るのは三〇％で、残り七〇％は先進国が得ているのである。貧しい国はいっそう貧しくなっていて、サハラ以南のアフリカはウルグアイ・ラウンドの合意によって年に一二億ドル失っていると考えられる─注7─。

自由貿易の果実の分配がこれほどアンバランスなのは、豊かな国がその力を利用して自

─注7─ J. Stiglitz,《Rendre le commerce équitable》in *Un autre monde*, éd. Fayard/livre de poche, 2006, p.151.

分たちの選択を貧しい国に押しつけているからだ。交渉の席で、アメリカやイギリスと同じ影響力がマリ共和国にあると素朴に考える者はいないだろう。経済学者のハジュン・チャンが指摘しているが、WTOの準備会議、通称「グリーンルーム会議」から途上国の代表者が外されていることからも、豊かな国々が体面を保つ努力さえしない実態がうかがえる―注8―。

豊かな国の貧困層に及ぶ影響

このように自由貿易は、豊かな国の産業が貧しい国を圧倒するための手段になり、結果として貧しい国は自国の産業を発展させることができず、発展途上の状態にとどまるしかない。メキシコやモロッコは、自国にアメリカやヨーロッパのメーカーがすっかり根づいた現在、国産の自動車メーカーを新たに生むことができるだろうか。貧しい国にとっては、国際競争から守られた形で国産メーカーを育てるのがより簡単だったはずだ。

たしかに初めは、GMやルノーと比べて性能は劣るだろう。それでも、他国の自動車に頼るかわりに工場を作り、雇用を生むことはできたはずだ。韓国はまさにそれを成しとげ、現在、ヒュンダイは世界屈指の自動車メーカーになっている。つまりグローバル経済は一方では、大企業が貧しい国に生産の一部を移し（それによって生産コストを下げ）、先進国の市場に高い価格で製品を売りさばくことを可能にした。他方で、途上国に新しいライバルが出現するのを妨げることで、リーダーとして君臨することを可能にした。

しかし、専門的技能のない社員の活動を途上国に移すことは、豊かな国の国民、とりわけ労働者の大部分に好ましくない影響を与えてきた。自由貿易は、グローバル化の恩恵にあずかる技能社員と、技能を持たずグローバル化の犠牲となる社員との利害の対立を生じさせた。管理職は途上国の人々が持たない技能を持ち、国際化によって契約を取りつけ、活動を広げてきた。それに対して労働者は、中国人の（そしてヨーロッパでは規模は小さいがルーマニア人の）労働者と競合させられ、勤めていた工場の閉鎖に見舞われた。工場は労働コストが低い国に移転していった。ほどなくして地方議員は、工場閉鎖によって地元の

|注8| H-J. Chang, Serge Halimi, Frédéric Lordon, François Ruffin, Jacques Sapir, *Le protectuinnisme et ses ennemis*, Les liens qui libèrent, 2012, p.42.

地方全体が破綻する事態に直面する。しかし、工場の国外移転に歯止めをかけ、グローバル化で取り残される人々を支えるための公共政策が実行されることはなかった。むしろ逆で、取り残された人々は政治的に軽視され、給付金はどんどん減らされた。企業経営者と政治家の間に共謀関係が生まれ、企業経営者は工場閉鎖を選挙まで遅らせ、政治家は選挙戦で山のような約束をし、選挙が終わってみれば何もない、という具合である。何百万人という人が国に見放され、会社からはコスト高の要因とみなされ、生活を打ち砕かれた。先進国の工場の大部分が、関心を引くこともなく消えていった。

グローバル化の勝ち組ともいえる高い技能をそなえた人々は、自分は大丈夫と感じているため、この国外移転の動きに対して行動を起こすことはまずない。しかし、利益の追求に限界はなく、企業活動の最適化はいずれ彼らにも及ぶのだから、行動を起こしたほうがいいのだ。現状では、このきれいごとの世界の慣習によって、幹部の職をなくすよりも無数の労働者の職をなくすほうが望ましいとされている。製油所の閉鎖は想像しやすい（半数はすでに閉鎖された）が、中国人の幹部と技術者はコストが低いため、パリのデファンス地区にあるトタル本社ビルが閉鎖されることは想像しにくい。少なくともいまのところ、そんなことは起こらない。

しかしグローバル化の波は、ここでおさまりはしないだろう。波はもうサービス業に押し寄せている。サービス業は有用性が高いのだが、基本的なフランス語さえできればフランス人でなくてもかまわないと企業が判断する地域へ移転しはじめている。おそらく近い将来、企業会計と会計監査の業務は新興国に移されるだろう。当初は貧しい国に対する豊かな国の武器だったグローバル化は、いまや市民に対して多国籍企業が使う手段になった。

このように、自由貿易はすべての人を豊かにする魔法ではない。そこには敗者と勝者がいる（さらに勝者のなかにも敗者がいる）。この半世紀、豊かな国々は、産業の大部分を犠牲にしてまで、有力企業に好都合な市場を組織するために力を貸してきた。貧しい国々は（理論にしたがって）特定の産業を専門とすることで、発展途上国の状態にとどまってきた。自由貿易の覇者である多国籍企業は、いまや労働コストが安い国で生産し、購買力のある国で販売し、税の軽い国で納税することができる。信じがたいことだが、この状況に至ってもなお自由貿易を批判するのは難しい。

第12章

IMFによる「自由化」は誰のためか

貧しい国が資金を必要としても、喜んで貸そうとする銀行はめったにない。それで貧しい国は、頼みの綱の貸し手と言われるＩＭＦ（国際通貨基金）に助けを求めることが多い。そのＩＭＦは、貧しい国に金銭的保証を要求できないかわりに、構造調整政策を実行するよう命じる。つまり輸出品目を絞ってそれを専門にし、民営化し、（失業手当や年金などの）社会保障を削り、公共部門を縮小し、国内市場を世界に開くというのが、融資とひきかえにＩＭＦが求める基準である。貧しい国は負債を抱えていることが多く、緊急に資金が必要なので、ＩＭＦの条件をおとなしく受け入れる。

南アメリカであれアジアであれアフリカであれ、ほとんどの発展途上国はＩＭＦに経済的支援を要請するほかなく、国内事情をまったく考慮しない、手放しの自由化政策を実行に移すしかなかった。その結果、途上国は内需ではなく国外（おもに豊かな国）の需要に応えるため、特定の輸出品の生産に力を入れることになった。国内産業のほとんどは民営化され、欧米の大企業に安い値で買収された。市場が開かれ、租税圧力が軽減されたため、多国籍企業の進出はいっそう容易になった。極貧生活に耐えている者も少なくない途上国の国民は、さらなる状況の悪化に見舞われた。ワシントンに本部のある権威ある機関ＩＭＦは、国際的な通貨制度を安定させ、危機を回避するだけの機関ではなく――ちなみに二〇〇七年、ＩＭＦはアメリカよりも途上国の動向を追うことに専念しすぎていて、危機を回避しそこなった――、自由主義の方針を促す決定機関でもあり、その方針は主として豊かな国の利益になっている。

ＩＭＦによる指導の現実

ＩＭＦは構造調整政策の実行とひきかえでなければ、経済的支援にも債務の減免にも応じない。ＩＭＦは支援を求める国々に（経済理論にしたがって）比較優位にある輸出品を専門とするよう強制する。そして、その輸入品の生産を民間会社に任せ（貧しい国には民間会社がないので多国籍企業を頼ることになる）、国際競争に加わるよう促す。こうした政策の結果、途上国は（国民に食糧を供給できるような）国内の農業や（国民に仕事を与えられるような）産業部門を育成することよりも、国外需要のための輸出品ばかりを生産するように仕向けられる。

さらに途上国は市場の開放によって、金融市場が左右する価格の動揺にさらされる。貧しい国が産業を原材料生産に特化することは、専門家からは「資源の呪い」と呼ばれ、資源の少ない国より工業化や経済成長が遅いと指摘されることも多いのだが、実際には貧しい国がすすんでそうしている例は少なく、たいていは融資の条件として受け入れているのである。

一例としてアフリカの産油国を想定してみよう。ＩＭＦの融資を得るために、この国は石油の輸出を専門とし、民間企業を頼ることになる。この国に公企業がある場合、ＩＭＦはそれを民営化するよう求める。いずれにしても貧しい国の公企業に技術力をつけさせるために融資しようとは誰も考えないので、そうした企業には技術がないことが多い。それでアフリカ経済は石油という財を輸出するが、その価格をコントロールできるわけではない。価格は金融市場で決まるからだ（したがって動揺が激しい）。また、産出量をコントロールできるわけでもない。産出量は開発にあたる民間企業が決めるからだ（企業は自らの利益を追求し、国の利益は考慮しない）。多くの場合、国は生産する物品の価値さえコントロールできない。貧しい国には、民間企業が作成する油田のデータ（収益性、開発コストなど）を検証する手段がないからだ。

このような状況に置かれたアフリカの国の経済は、もはや政府によってではなく、金融市場と民間企業という外部の力によって動かされる。しかしＩＭＦは、この国の構造調整政策は成功したと言うだろう。コンゴ、ガボン、カメルーンなどはここで想定した例になるだろうし、また原材料生産を専門とするどんな国もそうなるだろう。

ＩＭＦの方針は基本的に認められ、構造調整はその方向でまちがいなく実現されてきた。ほとんどの国で、価格のコントロールは著しく弱まり、経済は「安定」し、関税・非関税障壁は抑制された。公共部門は狭められ、民営化が実行に移され、為替レートは落ち着き、非公式の並行為替レートは排除され、資本市場の自由化が進み、労働市場は柔軟になった。市場経済は勢力を広げたが、恵まれない人々の生活の改善につながる成果はもたらさなかった。調整は実行されたが、貧しい人々は貧しいままである。そして貧しい国は苦境を脱していない。

貧困解消への歩み、理念ではなくスローガンの転換

先進国の市民からも途上国の市民からも、また二〇〇一年にノーベル経済学賞を受賞し

たスティグリッツのような専門家からも批判が高まるなか、世界銀行とＩＭＦは一九九九年の末に共同で、新しい方向へ舵をきる行動をとった。つまり、融資先の国に政策を押しつける方法から、その国が自ら貧困解消政策を考える方法へ切りかえたのである。ＩＭＦ欧州局長フレミング・ラーセンは「関係国の政府と市民社会は、責任を持って改革の準備を進めるよう要請される。今後は、このように貧困の解消は当事者が引き受けることになる」―注1― とまで言っている。その結果、歳入が少ないために経済的支援や債務の減免を望む国は、貧困削減戦略書（ＰＲＳＰ）を作成しなければならなくなった。一見すると、著しい変化のように見える。

だが現実には、国に政策を立案する権利があるとしても、自由裁量の幅は限られている。実際、当事国は世界銀行とＩＭＦの職員の承認を取りつける必要があるため、計画に独創性を盛り込むのは難しい。債務の減免が受け入れられ、融資が認められるには、世界銀行とＩＭＦから有効と認められることが不可欠である。こうした貧しい国にとって債務の減免は死活問題であるし―注2―、貧困削減戦略書の計画が拒否されるリスクを冒すことはできないので、いっそう難しいのだ。経済発展と貧困解消の入念な計画を練るには時間がかかるが、債務を一刻も早く減らさなくてはならないので、当事国はその充分な時間を取ることができない。

私は博士論文を書いている間、コンゴ共和国の中間段階の貧困削減戦略書作成を手伝ったことがある。当時、ＥＵと、原油収入で貧困を解消しようとしているコンゴ共和国の担当省のためにレポートを書く必要があった。それで、資料の作成にたずさわっているコンゴの公務員と近づきになった。彼らがＩＭＦの審査に付した最初の中間段階戦略書[注3]がちょうど拒否されたときで、多額の債務を抱えるこの国は、資金融資を一刻も早く取りつけなければならなかった。世界銀行はあらかじめ手引きと呼ばれる参考資料を配布している。手引きの内容とかけはなれた戦略書が通用しないことを、コンゴの公務員

注1　Haut conseil de la coopération internationale, Rapport du gouvernement sur les activités du Fonds monétaire international et de la Banque mondiale, 23 août 2000.

注2　貧困国では将来の生産を抵当として借り入れを行うことが多い。たとえば現時点での借金を将来の石油生産によって返済する。

注3　ＩＭＦと国際復興開発銀行による戦略書の評価には、まず中間段階戦略書、次いで最終戦略書を評価するというふたつの段階がある。

たちはどんなに痛感したことだろう。

支援を希望する国に向けたこの手引きには「よい貧困削減戦略書」をどう書けばいいかが説明されている。コンゴの公務員たちは、貧困削減戦略書が認められるには、自由主義に基づくＩＭＦの方針にもっと近い計画を提出しなければならないことを悟った。最初の戦略書を突き返されて憤りを感じた者も多かったが、融資獲得と債務減免が急がれたため、ＩＭＦの強硬な要求に従うほかなかった。このとき私には、途上国による政策の立案なるものが口先だけの建前にすぎず、貧困削減の政策を練るにあたって、当事国の裁量の余地がわずかしかないことがわかった。

ギリシャにおける構造調整政策の復活

ギリシャに構造調整政策が我が物顔で戻ってきた。ＩＭＦは外面を取りつくろうこともなく、旗色を鮮明にしてギリシャに次のような政策を押しつけた。付加価値税の増税、退職年金の引下げ、少額年金受給者への補助の廃止、大規模な民営化計画である。他方、ギリシャ政府が準備していた富裕層と企業への増税は認めなかった。ＩＭＦによるこの緊縮政策は経済にも国民生活にもひどい結果をもたらすことになる。

二〇〇八年以降、ギリシャはＧＤＰの四分の一を失い、失業は一九〇・五％、債務は三六・五％増加し、一世帯あたりの収入は三〇％減少した。また、乳幼児死亡率は四二・八％、自殺は四四％、うつ病は二七二・七％増えた【注4】。それにもかかわらず、欧州委員会は執拗に、ギリシャに緊縮政策をとるよう指示し続けた。

当時のＩＭＦ専務理事クリスティーヌ・ラガルドは、ギリシャに責任感を持つよう呼びかけ、アフリカの恵まれない子どもたちはギリシャ人以上に支援を必要としていると述べた。しかしこれまで見てきたように、相手がアフリカであれヨーロッパであれＩＭＦは国民への配慮などしないし、ましてや貧困層のことなど気にかけない。ＩＭＦの目的は、経済の自由化を強行軍で進めることだけである。ＩＭＦは公式には、国の経済を民主主

【注4】Okeanews（ギリシャの時事問題をＳＮＳで発信するフランスのメディア）による集計。情報源はEurostat、ELSTAT、ギリシャ銀行、ギリシャ労働総同盟労働研究所、ギリシャ精神衛生研究所（EPIPSY）。Regards（フランスのニュースサイト）のInfographie欄も参照。

義的とはいえないやり方で監督する根拠として、経済上のさまざまな原則を挙げている。しかし現実には、経済の自由化はおもに多国籍企業（経済大国の多国籍企業はとくに勢力がある）に役立つものであって、緩い規制、法人税の減税、公共部門の民営化、労働市場の柔軟化などを押しすすめようとするＩＭＦのやり方は、多国籍企業をますます太らせることにつながる。

第13章

多国籍企業に最大限の力を与える自由貿易協定

自由貿易協定は、多国籍企業にいっそうの力を与えようとする長いプロセスの最終段階である。ここに至って多国籍企業は、繁栄するために労働コスト・規制・課税の相違を利用するだけでなく、自身で規範を定めることが可能になり、企業利益に反する規制を国家に実施させないようになる。ＥＵは市民を守るどころか、使い古された主張——成長の回復、雇用の創出、市民の購買力向上——を掲げながら、自由貿易協定を率先して推進する。

二〇〇七年以降、ＥＵとおもな貿易相手国との非公開の交渉が進められている。交渉のいくつかはすでに合意が正式に批准されている。ＥＵがアメリカとの間で結んだＴＴＩＰ（大西洋横断貿易投資パートナーシップ協定）とカナダとの間で結んだＣＥＴＡ（ＥＵカナダ包括的経済貿易協定）に反対する市民運動は、いわゆる自由貿易の恩恵を一般市民が信じなくなっていることを雄弁に物語っている。それも当然で、この種の合意には次のような危険がともなうのだ。

グローバル化を拡大するＥＵ

当初EUは、市場への介入を強める方針と、介入を控えて市場に任せる方針との間で悩んだ。一九八〇年代初め、単一市場の交渉をしていたとき、経営者の強力なロビー団体、ヨーロピアン・ラウンドテーブルは自らの方向性をめぐってふたつの陣営に分かれた。一方は単一市場を競争の場とする考えを支持し、他方は、初期段階では国際競争から守りながら（エネルギーや輸送などあらゆる分野にわたって、エアバスのような）ヨーロッパの優秀な会社を育てる必要があると主張した。そして一九八〇年代半ば、当時の欧州委員会委員長で社会党員のジャック・ドロールが競争路線を選ぶことになる。

そのときから自由主義の推進力が強まり、単一市場、財・サービス・人の自由移動、単一通貨が実現し、ヨーロッパ市場が世界貿易に向けて開かれた。こうしてEUは、世界的に見ても関税障壁のもっとも低い地域となった。ロビー活動に毒されたEUは、経済の金融化、投機、ジャンクフード、環境汚染に対する盾の役割を充分に果たせなくなる。EUは、グローバル化の有害な影響から市民を守るよりもむしろ、グローバル化への移行を助けるパイプ役になってしまった。

そんなわけで、この考え方にしたがって二〇〇六年にEUが「グローバル・ヨーロッパ――国際競争への対応」—注1— を戦略として発表し、おもな貿易相手国と次世代の自由貿易協定を結ぶことを目指したのも驚くにあたらない。「次世代」とは、こうした協定が国境の向こう側の障害、つまり、関税障壁に焦点を当てた過去の協定と違って、国のなかで定められた規格を問題にする時代が到来したことを意味する。この場合の規格とは、技術的な規格（サイズ、形）や、衛生および植物の検疫のためのルールなどのことだ。規格はひとつひとつの国で異なるので、通商の障害となる。この戦略の目的はこれらの規格を統一し、財とサービスの自由移動にほとんど何の障害もないようにすることである。この戦略の一環として、アメリカとのＴＴＩＰ、カナダとのＣＥＴＡが生まれ、同種の協定が韓国との間で二〇一一年に、ペルー・コロンビア・ニカラグアとの間で二〇一三年に結ばれた。

欧州委員会にとっては、二八の加盟国が社会福祉モデルと税制を競い合う市場をつくるだけでは充分でないらしい。さらに進んで、ヨーロッパ市場にヨーロッパ域外の競争相手が加わるのを後押しする必要があると考えたのだ。いまヨーロッパで生じていること――より規模の大きい企業の本社を引きつけるための、ルクセンブルクとアイルランドの減税競争、東欧諸国への移転の原因である労働コストを軽減する競争、働く権利の軽視、環境規格の緩和――はみな、こうした協定によって今後も拡大していくだろう。

多国籍企業の攻勢で危機にさらされる規格

エリート的な新語法《ニュースピーク》【ジョージ・オーウェルが『一九八四年』に描いた架空の言語。「戦争は平和である」等の矛盾した語法を用いる】を平気で使う新自由主義者は、自由貿易によって生産と消費の規格を統一するのは国による規格の違いへの対応が企業にとって負担になるからだと説明するだろう。また、規格を統一すれば企業は生産品をいくつもの国に合わせる必要がなくなるから、貿易が活発になるだけでなく、コストが下がり、ひいては雇用が生まれると言うだろう。

彼らの話は理屈としては立派だが、一般市民にとってますます腑に落ちないものになっている。欧州委員会から予算をもらっている研究は当然のことながら自由貿易が雇用の向上につながると結論づけていて、その結論は少しも批判されないまま、財団やシンクタン

|注1| European Commission,《Global-Europe : competing in the world》, 4 October 2006.

クや経営者系の機関に引き継がれ、強調されてきた。この種の研究をどの程度慎重に受けとめるべきかは、過去の予測と実際の結果との間の矛盾を見ればわかる。

一九八八年にジャック・ドロールの依頼で作成された「非欧州のコスト」に関するチェッキーニ報告ー注2ーは、一九八六年の単一欧州議定書で単一市場が設立されたことを賞賛し、数百万の雇用と年六・五％の経済成長を約束した。現在、欧州単一市場を総括すると、チェッキーニ報告の明るい展望を（完全に打ち消さないまでも）かなり訂正しなければならない。競争が盛んになれば雇用が増え、経済の好循環につながるという考え方は、もっと具体的に証明されなければならない。しかし自由貿易協定の狙いは、いまやそこにはなく、規格の問題にある。

「規格」という語は、純粋に技術的な規制（サイズ、形）から衛生および植物の検疫のための規制（生産品の構想）まで、いくつもの意味を含む。こうした規格は食事、保健衛生、知的財産権のような、日常生活の幅広い領域にかかわる。欧州委員会が使っている「諸々の規格を近づける」という穏やかな表現は、実質的には何も意味しない。

ある国が牛へのホルモン投与を認め、別の国が認めていない場合、牛肉に関する規制をどうやって近づけるのか。偶数の日には少しのホルモンを、奇数の月には少しの牧草を、という具合に、えさを半分ずつにするのか。冷蔵庫の電源コードや車のシートベルトのサイズを近づけることを、どうすれば真剣に検討できるのか。実際は「近づける」方法など存在せず、ふたつのうちの一方の規格を他方に合わせるだけだろう。つまり業種に応じて、一方の企業が他方の企業の規格に合わせなければならず、その際の調整にかかるコストは一方だけが負担することになる。このような状況では、力があるほうの企業の規格が調整の基準となるのは歴史を見ても明らかである。

フランスの牛肉生産者が、二万頭を扱う工業型農場の低い生産コストに、同じ大量生産方式を採用せずに対抗することができるだろうか。またスーパーで牛肉を選ぶ消費者は、この二種の見分けがつくのだろうか。具体的な話になるが、肉のパッケージには生産方法が見やすいかたちで記されてはいない。生産方法はパッケージの裏に、読みにくい記号で小さく記載され、ＮＧＯがそれを熱心に解読しているだけで、あとは野放しにしている

注2　P. Cecchini (sous la présidence de),《Une évaluation des effets économiques potentiels de l'achèvement du marché intérieur de la communauté européenne》, *Economie européenne*, n°35, mars 1988.

のが現状だ。ここでもまた、消費者が、一日の仕事の疲れを覚えながら判断を下さなければならない。企業はそのことをよく知っている。

このように品質を下げる戦略で勝利するのはつねに企業のほうである。バングラデシュの高層ビル倒壊や馬肉を混ぜた牛肉のラザニアなどのスキャンダルもたいした打撃にはならない。実際は、家計費として使える金額と、仕事以外に割くことのできるエネルギーを考えると、消費者の裁量の幅はかなり限られている。

しかし、自由貿易協定の最大の目的である規格の緩和は、多国籍企業にとって好都合なのである。競争が自由貿易協定の意義とされているが、実際には（競争はダメージとなるおそれがあり、利益低下につながるため）企業は競争を嫌っている。読者は、同じロビー団体がしばしばライバル同士の企業を代表することをどう思うだろうか。それは、これらの企業が理論上ライバル関係にあるとしても、利益は一致しているからである。

たとえば自動車産業の場合、どのメーカーにとってもディーゼルエンジンに対する規制があまり厳しくないほうがありがたい。排出される微粒子が年に数万人を数える死とつながりがあることなど彼らには重要でない。

水圧破砕法――つまり水圧によって岩盤に亀裂を生じさせて化石燃料を取り出す方法

【シェールガス・オイルを抽出するのに必要な技術】――の禁止についても事情は同じである。フランスではトタルやエクソンのようなライバル同士の企業にとって、水圧破砕法禁止法の変更や廃止がともに利益になった。このやり方はヨーロッパ全体で盛んになっている。

また食品分野では、二〇〇〇年にチョコレート製造メーカーのロビー団体が、カカオ豆とくらべて三倍から一〇倍安い植物油脂成分を増やし、カカオ豆の割合を減らした製品を、ひきつづきチョコレートの呼称で売ることを欧州議会に認めさせるという出来事があった。利益を上げるために法律を緩めるということでは、ライバル同士でも、またヨーロッパの会社かそうでないかに関係なく、多国籍企業は一致した意見を表明するのである。

新しい規則の制定を妨げる仲裁裁判所

自由貿易協定に規格を一致させる役割があることを見てきたが、この協定はまた、国に新たな規格を作らせないようにする機関を持っている。それが仲裁裁判所である。仲裁裁判所は企業のもめ事を処理する機関で、投資家と国との通商上の係争にも解決の道筋をつける。特徴的なのは、このしくみによって係争が国やヨーロッパの司法ではなく、超国家的な調停機関に委ねられることである。このしくみには深刻な危険が潜んでいる。なぜなら、衛生や食生活の安全などの規格を企業が障害とみなした場合、この機関に提訴する可能性があるからだ。したがって、どんな法律や政策も企業の投資に対する障害とみなされるおそれがあり、仲裁裁判所が扱う係争の対象となりうる。このしくみによって、企業の営業利益は法的に、国家の選択より上位に置かれる。これまでに下された有名な判決を見れば、このしくみに対する不安が杞憂でないことがわかる。たとえばエクアドルはオクシデンタル・ペトロリウム【アメリカの石油・ガス生産会社】が義務を怠ったとして契約を打ち切ったが、国際投資紛争解決センター（ＩＣＳＩＤ）ー注３ー はアメリカとエクアドルとの自由貿易協定を理由に、一七億七〇〇〇万ドルの賠償金をエクアドルに命じる判決を下した。たばこメーカーのフィリップ・モリスは二〇一〇年から二〇一一年にかけて、ウルグアイとオーストラリアの喫煙反対キャンペーンによって損害をこうむったとして同じ手続きをとった。

次のように言う人もいるだろう。国やヨーロッパの行政裁判所はすでに、安定した経済的環境を企業に保証していて、そのどんな変更も賠償の理由になると。しかし仲裁裁判所と違って、国およびヨーロッパの行政裁判所[注4]は、法に守られる権利――拘束力のある新しい規則に対して補償を受ける権利――を、新しい規則の正当性（それが公共サービスのためか、衛生のためか、あるいはリスク軽減のためかなど）に応じて評価する。また、経済活動の主体が新しい規則によって負担するコスト（損害が許容範囲を超えた特別なものなのか）に応じて評価する。したがって行政裁判所にとって重要なのは、規則に従うことによる負担が不公平にならないようにしつつ、理論を練り上げて新しい規則を制定できるようにすることである[注5]。

仲裁裁判所はおそらく、投資紛争解決国際センター（ＩＣＳＩＤ）の理論を参考にする

注3　国際復興開発銀行（ＩＢＲＤ）によって創設された、各国政府と外国投資家との間の紛争を扱う機関。

注4　現在では私人が国を行政裁判所に即時提訴することが認められている。

注5　T. Porcher & F. Farah, TAFTA, *l'accord du plus fort*, Max Milo, 2014, p.55.

だろう。ＩＣＳＩＤの理論は、企業が活動を始めたときに得た法的環境を享受できるよう、そして企業にとって不利な法制・規制の変更がなされた場合、それによって失われる利益の補償を受けられるよう定めている。これでわかることは、国の裁判所とは逆に、あらゆる新しい規則の制定を阻むことが目的とされていることである。ところで、地球温暖化を効果的に抑えるための野心的なエネルギーシフトの実行には新しい（そして大規模な）環境規制の制定が不可欠で、その視点で見ると、調停裁判所は多くの国家に切迫した危険を突きつけていることになる。さらに嘆かわしいのは、多国籍企業にこんなプレゼントが贈られたにもかかわらず、それとひきかえに雇用の約束も何も要求されなかったことだ。

域外の国々と自由貿易協定を結ぶというヨーロッパの戦略は、多国籍企業の力を強化し、市民の力を削いでいく長いプロセスの最終段階に入っている。ヨーロッパは巨大な競争の場となり、そこでは各国家が、「ヨーロッパ万歳」を叫びながら、規制を緩和して隣国からマーケットシェアを奪う。所得格差は市民間でも国家間でも、さらにひとつの国の地域間でも増大している。欧州委員会の建物のなかを力のあるロビー団体が闊歩し、疑惑をでっち上げ、研究費を提供して（内分泌撹乱化学物質やディーゼルエンジンなど）議論するまでもない事柄を議論の対象にする。これからはすべてが欧州委員会で決定されることを彼らは知っているのだ。

市民を守る存在として、かろうじてNGOがある。NGOは私たちに警戒を呼びかけるとともに反ロビー活動を展開しているが、予算はわずか四〇〇万ユーロにすぎない。この予算で、年に一億二三〇〇万ユーロを自由に使える金融業界の七〇〇ものロビー団体にどうやって対抗できるだろうか[注6]。

注6 非営利団体 Corporate Europe Observatory による。

結論

支配的意見から身を守るための10の原則

主流派の経済学者たちは、専門知識という強みによって何十億という人々の生活を壊すことに手を貸しながら、自身の境遇が脅かされることは決してない。金融の規制緩和を訴える彼らの主張は、二〇〇八年のサブプライム住宅ローン危機の一因ともなった。世界を揺るがしたこの危機は数千万人の人々を失業者にし、家を手放さなければならないほどの窮地に陥れ、家族との関係を不安定にし、ときには自殺に追い込んだ。

また、主流派の経済学者たちはＩＭＦが主導する調整を後押しし、貧しい国を発展途上国の状態に押しとどめてきた。貧しい国の人々の多くは飲料水、生活必需品、医薬品をまともに手に入れることすらできず、一日に数ドルほどの収入で暮らしている。主流派の経済学者たちは株主重視の企業経営と自由貿易を支持することで、企業の生産移転に力を貸し、専門的な技能を持たない富裕国の一部の人々から働く場を奪った。生産の国外移転によって地域全体の安定が損なわれ、たくさんの人々が職を失った。

さらに主流派の経済学者たちは、ヨーロッパの緊縮政策を推奨して格差を増大させ、南ヨーロッパ諸国の多くの国民を失業に陥れて、働き盛りの世代全体を正規の職につけない状況に追い込んだ。以上が、網羅的とはいえないにせよ、エリートとされる経済学者たちがしてきたことである。同じ歴史を繰り返さないように、市民が自己防衛するための最小限の原則を本書のしめくくりとして挙げておきたい。

第一の原則

どこでも処方可能で効果抜群とされる特効薬を警戒せよ

経済学者は（単一市場、単一通貨、炭素価格の統一というように）ただひとつの解決策を好み、他の多くの経済学者もみな自分たちと同じ考えだと言いたがる。実際には経済学の学説においてコンセンサスが得られることはめったになく、得られたと主張する場合には警戒が必要だ。サブプライム住宅ローン危機が起こる前、金融市場も銀行も安定性を失わない、とほとんどの主流派経済学者が口をそろえて言っていたことを思い起こそう。以上をふまえて、専門家の発言を再検討し、彼らに説明を求め、議論を続けよう。

第二の原則

それ以上は不可能という言葉を鵜呑みにするな

思考の枠から出る者に対して、経済学者の多くは「あなたは夢想家だ」とたしなめ、最悪の場合は「観念に凝り固まっている」と攻撃する。典型的なのは「公的債務を考慮すると、あなたが提案していることは実行不可能だ」という言葉である。しかし、経済的思考の枠は客観的に決まるわけではないから、当然、枠の範囲は変わっていく。たとえば社会保障や有給休暇制度は、決定された当時は、一般的な思考の枠から外れたものに見えたはずだ。このふたつが実現したのは、考え方の限界を突きくずした人たちがいたからである。

歴史をふり返ると、いまでは考えられない政策が過去には現実味があったり、その後の力関係で実現の可能性が高まったものがある。人文科学のひとつである経済学では定着したまま動かないものは何もなく、方向は変わるとされている。経済学を絶えず更新していくことこそが状況を変える土台となる。

第三の原則

成功の原因も失敗の責任も個人だけにあるのではない

個人を運命の支配者とみなす考え方は、成功者や裕福層たちがよく利用する作り話である。そうした考え方を強調することで、彼らは減税を政府に働きかけるなどして、他の階級の人への経済的貢献をできるだけ免れようとする。成功者は、自分の才能で成功したのだから税金を取るのは盗みに近いと思わせたがる。しかしその成功の要因のなかには、国や自治体が資金を出して整えた環境がつねに含まれている。

フランスの（最悪の例ではないが、ここで取り上げるにふさわしい）人気歌手、フロラン・パニーを例に考えてみよう。パニーは自分の力だけで成功をなしとげたと確信しているので、納税額を軽くするためポルトガルに生活の地を移した。しかし、彼のCDを買っているのはフランス人である。二〇年前から彼の音楽を流しているのは、フランスの（公共放送も含めた）ラジオ局とテレビ局である。

彼の成功には、彼の（教育、医療、そしてツアーで利用する通行料無料の道路など、公共サービスの恩恵をたっぷり受けた）人的資本と、（フランス音楽に割り当てる電波の量を定めた）政治の力と、（ラジオ局とテレビ局の周波数を拡張した）制度の役割といった要因がある。これらの要因を差し引けば、フロラン・パニーの財産は大きく減るはずだ。

他方、失業した人にその責任をかぶせるのは、本当の責任者から目をそらさせるための人心操作である。二〇〇八年の危機と、ユーロ圏の緊縮政策をはじめとする誤った経済政策が、何百万人というヨーロッパの人々を失業させた。それを見てもわかるように、失業の責任者は職を失った人々ではなく、私たちが選んだ政治指導者なのだ。政治指導者は説明責任を求められる立場であって、求める立場にはない。

第四の原則

労働市場の柔軟性が失業対策になると考えてはならない

失業を減らすのを第一の目的に労働市場改革が行われるというのは誤った理解である。労働市場改革の目的はただひとつ、労働力をこれまで以上に経済活動のサイクルに合わせて不安定な状況に置き、企業利益を守ることにある。経営者たちは、失業対策にかかわっているふりはしていても、実際は失業率を軽んじ、自らが代表を務める企業を守ることばかり考えている（逆に高い失業率は賃下げの圧力となるため、彼らにとってむしろ都合がいい。経営者たちは、企業の成果が自分たちと株主たちの利益を確保するには不充分なとき、人員削減などでコストを圧縮しようとする）。

労働市場の改革が進められた国（イギリス、オランダ、アメリカ）では、たしかに失業が減ったものの、失業者が非正規労働者になったにすぎない。別の国（スペイン、イタリア、ギリシャ）では、非正規雇用が増えたにもかかわらず、失業率は高い水準のままである。どちらの場合も、労働市場改革の本当の目的である大企業の利益は増加した。

第五の原則

公的支出削減の必要を信じずに、公的支出で何がまかなわれているかを知ろう

公的支出を考えるとき重要なのは、数十億ユーロという漠然とした数字よりも、それを削減した場合にどんな影響が生じるかである。公的支出を減らせば退職年金、薬剤費の補助、失業手当、インフラへの投資、それぞれの額が減ることになる。削減の影響が国民にとって痛みをともなうことは間違いない。

現在、公的債務を減らすために公的支出を削る必要があると叫ばれているが、実際は、国家の福祉事業（健康保険、退職年金）の大部分を民間の企業グループに移すことが公的支出削減を主張する人たちの本当の目的である。今まで国が管理していた実入りのいい市場に参入できれば、もっと利益を増やしたいと考える企業グループの願いがかなうわけだ。EUさえも、加盟国に経済の自由化を強制し、加盟国の予算編成を指導することによって、この品性を欠いた目的に力を貸している。

第六の原則

金融資本家を除けば、金融は誰の味方でもない

経済の金融化は株主の役割を増大させ、賃金労働者と企業に惨憺たる影響を及ぼした。株主――少数の年金基金と保険業者を含む――は、どれほどの儲けを期待できるかによって企業を選ぶため、国は株主を引きつけようと、減税や労働市場の柔軟化など、株主に都合のいい政策を実施するようになった。企業の内部では、株主にとって充分な利益を短期的に確保することが経営者の役割となり（経営者の収入はその手腕に左右される）、中期的な

いし長期的にしか効果が得られない設備投資は二の次となった。要するに、国・企業・賃金労働者は勝ち目のない戦いを強いられているのだ。

その結果、企業の利益のうち株主が手に入れる割合は六〇%に上り、経営陣の収入も著しく上がった。フランスでは現在、上位一二〇社の経営陣の平均収入は、賃金労働者の平均収入の一三二倍に達している。アメリカでは二〇一六年、トップクラスの会社の最高経営責任者の平均年収は一四三〇万ドルで、これは一般的なアメリカ人の年収の二六五倍に相当する。

第七の原則
公的債務を心配するな

資産との比較抜きで債務を考えても意味がない。現在、過剰債務の状況にあるとされている国の多くは、公共資産が債務を上まわっているか、または債務と同等である。加えて、公的債務は民間の債務よりはるかに少なく、このことは一般通念と違って、国のやりくりの手腕がさほどまずくないことを意味している。それなのに公的債務が問題になっているのはどうしてなのか。
それは債務という言葉が、一部の人にとって都合のいい言い訳として使えるからだ。たとえば、富裕層に対する減税や法人税の減税をするとき、公的債務は重要視されない。ところが、公共サービスへの投資を求める声が上がると、公的債務は差し迫った解決すべき問題とされる。実際は、政治指導者にとって債務の削減は重要な目的などではなく、単に、緊縮政策を訴えるためのこけおどしにすぎないのだ。

第八の原則

地球温暖化をめぐる聞こえのいい発言に耳を貸さず、行動を検証しよう

地球温暖化を効果的に食い止めるために何をすべきかは、誰もが知っている。つまり再生可能エネルギーを大規模に開発し、エネルギーの日々の消費を抑え、地域経済・循環型経済を発展させることが、今やるべきことである。こうした言葉はすべて、われわれが選んだ政治家たちの発言に出てくるが、それを本気で実行しようとする政府はひとつもない。気候の課題に立ち向かうには、現在の生産・消費のやり方を再検討しなくてはならな

いからだ。政治指導者たちは、環境に負荷をかけない産業を目指す計画に大企業を従わせようとはせず、大企業の短期的利益を確保するために現在の生産環境を維持することばかり考えている。政治指導者たちは、人類をこれまで経験したことのない危険にさらすこともいとわないのだ。

第九の原則

ヨーロッパを愛するなら欧州委員会に注文をつけよう

自由競争の原則に基づくEUの建設は、加盟国の社会福祉削減と減税を引き起こした。この命取りの競争はヨーロッパ全体で、税収の低下と、そして賃金労働者の社会保障の弱体化という流れを生んだ。ユーロは単一通貨を一九もの国に強制し、通貨統合のための調整を（通貨以上に）労働に、ひいては人間に課すことで、そうした傾向に拍車をかけた。二〇一一年から実施されてきた緊縮政策はヨーロッパに大ダメージを与え、いまでは、南ヨーロッパ諸国の人々はリーマンショック以前よりも低い生活水準に陥っている。連帯感で結ばれたヨーロッパを望むなら、そしてヨーロッパを愛するなら、欧州委員会に現在のやり方の中止を求めよう。

第十の原則

自由貿易がすべての人にとって有益であると信じるな

自由貿易によってすべての人が豊かになるというのは偽りで、そこには必ず勝者と敗者が存在する。この半世紀、豊かな国々は自国の産業の大部分を犠牲にしながら、有力産業のために貿易体制を整えてきた。他方、貧しい国々は特定の輸出品目に産業を絞り込んだ結果、発展途上国の状態にとどまってきた。自由貿易の真の勝者は多国籍企業で、彼らはグローバル化が進んだことで、労働コストが低い国で生産し、購買力のある国で販売し、税の負担が軽い国で納税することによって、利益を最大化することが可能になった。新しい自由貿易協定が相次いで結ばれるにつれて、多国籍企業は仲裁裁判所を後ろ盾に、製品の規格の統一化を要求し、それに応じない国に圧力をかけ、新しい規格を準備する国を非難することができるようになった。この状況で自由貿易から利益を得ているのが誰なのかはもう明らかだろう。

本書の目的は、主流派の経済学者が広めているのとは別の考え方があり、経済事象の分析は分析者のいる場所に大きく左右されるのを知ってもらうことである。将来、誰かが何らかの経済改革を提案し、その改革がすべての人のためになり、グローバル化した世界では他の選択肢はなく、公的債務を考えると他に選択肢はないと説明されても、読者はもう真に受けないだろう。この社会は経済以外のさまざまな要素がからみあう力関係のなかで動いていて、そこでは勝者と敗者が生じること、一般に認められた思考の枠を出さえすれば、私たちにはつねに選択肢があること、公的債務が困難な改革を受け入れさせるためのこけおどしであることなどがすでに理解できているはずだからだ。これからは、経済学者や政治家たちが真実だと主張するものをそのまま信じることなく、問いかけ、説明を求め、議論を重ね、目の前の力関係をふまえてじっくり考えることが私たちの役割になるだろう。

日本語版解説

白井　聡

二〇一三年の夏、先輩の研究者と知り合いの編集者と私の三人で、新宿のションベン横丁で酒を飲んでいたときのことである。若くて元気な編集者が、近くの席で飲んでいた女性の二人組に声をかけ、一緒に飲みましょうということになった。二人は二〇代半ばくらいで、短大を卒業した後、とある自動車メーカーの下請け会社で働いているのだという。

当時の日本は、第二次安倍晋三政権の経済政策、「アベノミクス」に沸き立っていた。新聞もテレビも雑誌も、アベノミクスで日本経済は復活するのだという雰囲気で一色だった時期だ。安倍政権が惨憺たる軌道を必然的にたどるであろうことを論証した『永続敗戦論——戦後日本の核心』（太田出版、のち講談社＋α文庫）という著書を出したところだった私は、二人に「アベノミクスで景気がよくなってると言われているけど、どう？」と訊ねてみた。

どのくらいプロパガンダに侵されているのか、カマをかけたつもりだったのだが、彼女たちの答えは意外だった。「いや、それほど景気が良くなるとは思えません」と言う。えっ、と思って、その理由を聞いてみると、「だって為替レートが円安になったじゃないですか。確かに円安になれば輸出は伸びるから、トヨタとか日産みたいな完成車を輸出している会社は儲かるかもしれない。でも私たちの会社みたいな部品を納入する下請けは、外国から輸入した原料を加工して自動車メーカーに売る商売だから、輸入コストが高くなってかえって苦しくなってますよ」。これは、曇りのない目で真っ直ぐに現実を見ている人たちの言葉だと思った。

アベノミクスの施策のうち実体経済に影響を与えたのは、まさに彼女たちの指摘するように、為替レートを操作したことくらいであった。結果何が起こったかといえば、完成品を輸出する企業は円安で価格競争力が上がって儲かったが、その一方で、円安の恩恵を受ける大企業によって支配されている下請けの企業はむしろ苦しくなる。強くて大きなものをさらに富ませ、弱くて小さいものをさらに苦しませる、アベノミクスの本質を象徴的に表す一面だった。

プロパガンダに惑わされることなく、現実をありのままに見るためにはどうすればいいのだろうか？　本書『「経済学」にだまされるな！』はそのやり方を教えてくれる一冊である。

「異端」からの経済学批判

本書の原題は *Traité d'économie hérétique*——*En finir avec le discours dominant*（『異端の経済論——支配的意見から身を守るために』）であるが、このタイトルはその内容を雄弁に物語っている。「主流派」と呼ばれる経済学が、いわば巨大な「ウソ」の体系になっているという現実を、著者トマ・ポルシェは「異端派」の立場から鋭く告発しており、豊富な具体的事象に即して論じているので、非常に実践的な本でもある。

「主流派」経済学への批判は、今に始まったことではない。カール・マルクスの『資本論』は、サブタイトルを「経済学批判」という。マルクスが批判しようとした経済学は『資本論』のなかでは「ブルジョワ経済学」と呼ばれているが、一般にいう「古典派経済学」のことだ。

「古典派経済学」はアダム・スミスが創始し、後継者のデイヴィッド・リカードが理論的洗練を加えて完成させたイギリス発祥の学派であり、現在にも続く経済学の「主流派」の主張に、考え方の基礎を与えている。スミス自身がそのように意図していたわけではないが、彼の議論をきっかけとして、経済学はみずからが自然科学であるかのように装うようになった。たとえば物体を手に持っているとき、空中で手を離せばその物体は地面に落ちる。これを物理学は万有引力の法則によって説明する。物体が落ちること自体は良いことでも悪いことでもなく、世界はそのように出来ているというだけの、価値中立的なことである。スミス以来の経済学は、経済現象を物理学が物理現象をとらえるように、つまり価値中立的に分析するという視点に立つこととなった。

しかしマルクスは、スミスに始まる古典派経済学のテキストを徹底的に読み込み、それが「ブルジョワ経済学」だと批判した。簡潔に言えば、古典派が「価値中立的」だとする視点は中立を装っているだけで、実はそこにはブルジョワジー、すなわち資本家階級の利害・関心が内在していることを暴き出そうとしたのが『資本論』であり、経済学批判のプロジェクトなのである。

本書でトマ・ポルシェは「異端」の立場から、現在の主流派経済学が客観的でも中立的でもなく、そこに中立を装った「資本」にとっての利害・関心が内包されていることを暴き出す。すなわち、主流派経済学の体系は、特定の立場の意図を代表して主張しているにすぎないのに、それがあたかも客観的で動かしようのない自然法則であるかのように見せかける、典型的な「イデオロギー」の宇宙になってしまっている現状を鋭く批判しているのである。

リーマンショックと『ゾンビ経済学』

「異端派」の経済学がなぜ必要なのかを理解するには、主流派経済学がもはや死んでいるという時代的文脈を踏まえておかなければならない。オーストラリアの経済学者、ジョン・クイギンに『ゾンビ経済学』（筑摩書房）という本がある。そこでは、リーマンショックの前夜、「主流派」の経済学者たちが何を研究し、どのような主張をしていたのかが論じられている。この本を読むと、「大中庸説」（資本主義は成熟し、もはや不況は存在せず、安定した経済がずっと続く）であるとか、「効率的市場仮説」（市場は合理的でバブルは起きない）といった代物が、当時大真面目に論じられていたことが分かる。実際には二〇〇八年にリーマンショックが起こり、地価の高騰はバブルであったことが白日の下にさらされ、世界は不況で苦しむことになった。この破局により、「主流派」の経済学はゴミ箱行きを運命づけられたのである。

本書でトマ・ポルシェも指摘しているように、サブプライム住宅ローンを可能にした土地バブルに警鐘を鳴らした経済学者は存在した。しかし、彼らの「このままではまずいことになる」という声は「異端」にすぎないとして無視された。この一事をとっても、経済学における「真理」性は、科学的真正さよりも政治的発言力によって担保されていることが分かる。

では、実践面から見ると「主流派」はどうなったか。リーマンブラザーズが破綻し、他の金融機関にも危機が波及していくなかで、「主流派」たる彼らのイデオロギーに忠実であろうとするならば、それこそ「市場の自己調整機能」に任せて何もしないことが正解のはずである。しかし、大規模な金融機関の破綻を放っておいては目も当てられない事態になるのは明らかなので、それまでの主張はすべてなかったことにされて、国家による救済措置が講じられた。国が介入し、金融機関の負債の肩代わりをしたのである。

事ここに及んで「主流派」の経済学は、理論面でも実践面でも死んだはずだった。だから、二〇〇八年を境に、世界中の大学の経済学部のスタッフがほとんど総入れ替えになっていても本来おかしくなかったのだが、現実には、相も変わらず同じような面々が、「市場の合理性」だの「国家の債務超過の喫緊性」だのと御託を並べ続けている。死んだはずのものが生きて歩いている、まさにゾンビ経済学だ——というわけである。

新自由主義(ネオリベラリズム)からの脱却?

そこからもうすぐ一五年が経とうとしている。ヨーロッパでもアメリカでも、現状に大きな問題があり、人をだますことにしか役立たない「経済学」などゴミ箱に放り込んで新しく始めようという機運が高まった。トマ・ピケティの『21世紀の資本』(みすず書房)はそうした文脈の中で世界的ブームになった。そして日本でもピケティ・ブームは起こり、何かを変えなければいけないという雰囲気は、徐々に醸成されつつある。

そうした雰囲気は、本書の邦訳が刊行される二〇二一年一二月時点で権力の座にある岸田文雄新政権の成立過程からも感じ取ることができる。岸田氏は、菅義偉政権の退陣を受けた自民党総裁選の時点では、「小泉政権以来の新自由主義からの脱却」「分配と成長」を旗印に掲げた。これまでの経済政策が「成長」に傾倒しすぎていたことで格差拡大と停滞を招いたのではないか、だから分配を最優先するのだ——このように述べて、岸田氏は自民党総裁になった。

問題は、新政権が発足し、総選挙（二〇二一年一〇月三一日投開票の第四九回衆議院総選挙）が終わると、総裁選のときに政策の中心に掲げられていた施策は軒並み撤回され、トーンダウンしてしまったことだ。この二枚舌に驚いたとか失望したといった声を聞くことがあるが、私に言わせればこれは自民党がこれまでずっとやってきたことの繰り返しにすぎず、驚くにはあたらない。自民党とは、「資本」の意志が人間の口を借りてしゃべるために存在するものなのだから。

新自由主義と巨大資本、日本の場合

本書の冒頭でも、現在の状況を作り出した転換点は約三〇年前にあることが指摘されている。日本においては、その期間はほとんど丸ごと「平成」時代に重なる。バブル崩壊による日本経済の長期停滞の始まりとともに、昭和が終わり、実質的に平成が始まった――。以降、世の中がどんどん「新自由主義的」になっていったことは間違いない。

ここで、日本における新自由主義の特徴について考えてみたい。「新自由主義」の本質は何かということ自体、論争的なテーマであって、その本質は市場にあるのか、国家にあるのか、あるいはＩＭＦ等の国際的な組織にあるのか、といった点をめぐって専門家のあいだでも意見が分かれる。本書の議論に即していえば、トマ・ポルシェは、多国籍企業の権力こそが新自由主義のもっとも重要な本質だと考えているようだ。私もその見方にはかなりの説得力があると考える。

新自由主義的政策が繰り広げられる舞台が国際的市場であれ国家であれ、その政策を駆動させる原動力は多国籍企業（＝巨大資本）の権力だ、と著者は言っているのである。巨大資本は無限の価値増殖のために、持続可能性を無視し、行政官や政治家、学者、国際機関を買収し、あらゆる手段を講じる。そのようにして自然環境や人間から容赦ない搾取を行なうのである。

本来、こうした巨大資本の暴走を抑えるのは、上からは国家であり、下からはたとえば労働組合のような労働者の連帯であった。しかし、グローバル化によって国家の主権は弱められ、労働者は分断されて、もはや多国籍企業は、まったく抑制を受けないなかでやりたい放題できるようになってしまった。これが本書を貫く現状認識である。

一方、この間の日本はどうであったか。たとえば、二〇一三年一〇月の通常国会において、安倍晋三首相（当時）は施政方針演説を行ない、「『世界で一番企業が活躍しやすい国』を目指します」と宣言した。翌年のダボス会議における「岩盤規制を打ち砕く」という発言によって補足されるように、規制を緩和して自由な競争の条件を作り出し、企業同士を競わせて経済発展を目指すというのが、安倍政権のスローガンであった。これは典型的に新自由主義的なビジョンであるが、日本における新自由主義政策は安倍政権が初めて導入したわけではない。新自由主義が自由な競争をもたらし、企業を成長させるのだとすれば、日本企業のこの三〇年の没落をどう説明するのか。よく引かれる例だが、世界の企業時価総額ランキングを見たとき、一九八九年（平成元年）にはトップ五〇のなかに三〇社を超える日本企業が存在したのに対し、二〇一九年（平成三一年）にはトップ五〇のなかに入った日本企業はトヨタ自動車のみである。要するに、実際には、日本では企業が全然活躍できてこなかったのだ。

これは結局のところ、日本流の新自由主義が、既得権益を守るための規制緩和、もっと言えば特定資本を「えこひいき」するための規制緩和でしかなかったことを物語っている。この三〇年間の日本で成長した産業は何だろうと考えたとき、多くの人が人材派遣業を思い浮かべるのではないかと思うが、その後ろ盾となった「雇用規制緩和」推進の旗振り役が竹中平蔵氏であったのは周知の事実である。彼はメディアに登場する際、慶應義塾大学名誉教授と紹介されることが多いが、現役のパソナグループ取締役会長なのだから本来はその肩書で紹介されるべきだ。自分が主導した規制緩和で生まれた商機に自分の会社がありつくというこの構造は、新自由主義ですらなく、「ネオ封建制」とでも言うべきものであろう。

さらに、新自由主義は基本的に公営企業の民営化を推進するが、特に日本において民営化された企業は、公営企業時代に世の中から「お役所的」と批判されてきた体質を払拭していることを演出しようとする。その結果、何が起こるかというと、公営だった時代に与えられた、同業他社とは比較を絶するほど充実したインフラを使って金儲けに走るのだ。そうなった場合、元・公営企業はとてつもなく有利である。JR東日本が駅ビルを次々とルミネに仕立て商業施設を拡大したことなどその典型であろう。もともと有利な条件を持っていた企業が、その条件を生かして肥え太っていくだけなのだ。こうした「ネオ封建制」の例は枚挙に暇がない。

国家の債務についての二つの指摘

本書は、私たちの思考を縛る「枠」から自由になることを目指して書かれている。日本において、一般市民が経済学的な「常識」だと強く刷り込まれている考え方の代表は、本書第7章で取り上げられている超過債務の問題ではないだろうか。

国家の債務とはいったい何なのかという問題は、実は現在、政治経済学のなかで熱い論争になっている。これは、主流派経済学がすでに死んでゾンビ化していることの延長線上にある問題でもあるのだが、いわゆるＭＭＴ（現代貨幣理論）をめぐる論争がそれである。

主流派経済学は、国家の債務は最終的に返済されなければならないものだと「常識的に」想定してきた。しかし、実際に多くの国家が巨額の債務を抱えたままで、なぜ破綻せずに存在し続けているのか、主流派は説明できない。ゆえに経済学はいま、その土台からして見直さなければならない局面にあり、その試みの一つとして出てきているのがＭＭＴ理論である。

ＭＭＴの根幹にあるのは、自国通貨を発行できる政府・中央銀行は、自国通貨建てで国債を発行している限り、財政赤字を拡大してもデフォルト（債務不履行）に陥ることはないというテーゼである。トマ・ポルシェ自身は本書の中でＭＭＴに直接言及してはいないが、第7章で、国家の債務と個人や家計の債務はまったく違うものなのだと述べている。これはＭＭＴに親和的な考え方であり、彼がＭＭＴに共感的であろうことが読み取れる。ＭＭＴが主流派経済学にとってかわるにふさわしい理論であるのか、現時点ではまだ分からないと言うほかないが、かように「常識」が揺さぶられているのが現在の経済学の状況であることをまず指摘しておかねばならない。

そして、次に指摘すべきはジャーナリズムの問題である。経済政策に影響を与える「オピニオン」を作っている人たちは、時々によって「常識」を変化させるのだ。たとえば、日本で二〇〇九年に民主党政権が発足したとき、そのマニフェストに対して財界や経済論壇からは「バラマキ批判」の大合唱が起こり、財政破綻の危機が喧伝された。そのプレッシャーを跳ね返すことができず、マニフェストは実行されないまま信用を失い、民主党政権は短命に終わった。

ひるがえって、本書邦訳版刊行の直前に発足した岸田政権は、「新しい資本主義」実現のため五〇兆円を超える補正予算案を作成している。国家の負債は最終的に返さなければいけないものだとするならば、このとてつもない規模の補正予算を、なぜ財界も経済論壇も猛然と批判しないのか。要は、その時々の政治の情勢によって都合よく――誰の都合なのかということがポイントなのだが――経済学的「常識」というイデオロギーのハンマーが振り下ろされたり振り下ろされなかったりするのである。私たちは、そのハンマーを振り下ろす「力」がどこから来ているのかを、しっかりと見極めなければならない。

日本を愛するならば……

そのときに、本書の最後にある「一〇の原則」が参考になるだろう。一点注意を促したいのは、第九の原則「ヨーロッパを愛するなら欧州委員会に注文をつけよう」という部分を日本においてどう読み替えるかだ。ヨーロッパにおいては、欧州委員会こそが実質的なEUの経営者だという状況があり、トマ・ポルシェは、その中枢にこそ働きかけるべきだと読者に訴えるわけだが、日本においては、その実質的な権力がどこに存するのかは判然としない印象がある。

現在の自公連立政権、官僚、経団連といった存在も決して一枚岩ではない。たとえば、「文藝春秋」二〇二一年一一月号（一〇月一〇日発売）に「財務次官、モノ申す『このままでは国家財政は破綻する』」と題する論文が掲載された。現役の財務官僚（矢野康治財務事務次官）による異例の寄稿で、総選挙に向けて与党も野党も「バラマキ」政策を掲げているけれども、このままでは国家財政が破綻する、という内容であった。これは岸田政権とは対立する主張といえる。政権与党、官僚、経団連といった様々な勢力のそれぞれの意図が絡み合い、鵺《ぬえ》のようになっている日本の国家経営の実態に即して、私たちがどこに注視し、何に対してモノ申すべきか、というのはなかなかに難しい問題だが、これまで「お仲間」にはさんざんばら撒いてきた政府与党の中枢が一般国民にはばら撒けないと語るとき、それが間違っていることだけは確かだ。

先に指摘したように、グローバル化によって主権国家は弱体化している。主権国家の弱体化の最も深刻な影響がどこに現れるかといえば、それは徴税機能だ。現在幅を利かせている多国籍企業は、主権国家が実効的にコントロールできる地理的領域を横断して活動しているため、有効に課税することが難しい。多国籍企業に関連して非常に高額の所得を手にする個人、いわゆるグローバル・エリートについても同じことが言える。すると、主権国家にとっての課税対象として残るのは、あまり流動性の高くない大衆、それもある程度の担税能力を持つ中流階級になる。読者は、自分たちこそが狙われていることに気づくべきなのだ。

これに対する反抗は、すでにアメリカやヨーロッパで起ったことでもある。狙い撃ちされた中流階級は貧困化して憤りをためこみ、保護主義を掲げるトランプ政権の誕生や、ヨーロッパにおける極右の台頭を引き起こした。日本には固有の事情があり、アメリカやヨーロッパとまったく同じ現象が起こるわけではないだろうが、左右のポピュリズムはすでにはっきりと現れている。

銘記すべきは、私たちは「反資本」を立脚点にしなければならない、ということだ。人間存在の幸福追求と、資本の求める価値増殖は別々のものなので、両立するとは限らない。人間の生活水準の向上と資本主義の発展とが、ある時期には重なっていたという見方もあるが、それも地球上の一部の国や地域ではそうであったというにすぎない。ナオミ・クラインの『ショック・ドクトリン』(岩波書店)も指摘しているが、野放しにすれば「資本」は物理的暴力をも動員して搾取を続け、人間的な暮らしを破壊する。私たちが人間らしく生きられる世界を守るためには、「資本」を社会の統制下におくか、あるいは、「資本」を破壊してまったく新しい何かを打ち立てるか、いずれかしかない、そうした局面に来ているのである。

もちろん、残念ながら私たちの生活は労働の局面でも消費の局面でも、企業活動に依存している。巨大資本と縁を切って生きていくなどということは不可能である。しかし、だからといって資本の言いなりになる謂われなどないのだ。

日本においても新自由主義が行き詰まっていることはもはやコンセンサスと言ってもよいが、指摘してきたように、権力の中枢が「資本」によって握られている構造は相変わらずである。本書は、コンパクトで平易であり、高等学校までの学習範囲を押さえていれば十分に理解できる。その意味で、本書は「考える大衆」にとっての武器になる。一冊の本とは薪《たきぎ》のようなものであり、それだけで社会を変えることはできないかもしれない。しかし、社会を変えようとする意思の炎に薪をくべる一人の人間として、多くの読者に本書が届くことを私は願ってやまない。

著者

トマ・ポルシェ

Thomas Porcher

パリ・スクール・オブ・ビジネスの客員教授で、2011年にフランスで結成された「怒れる経済学者たち」に参加。2013年からフランスエネルギー省の「持続可能なエネルギーへの移行」に関するシェールガス検討グループのメンバーに加わり、2017年のフランス大統領選ではヤニス・バルファキスと共同声明を発表して社会党候補のブノワ・アモンを支持する等、政治的なコミットメントにも積極的。メディアでは定期的に一般向けの講演を行っており、「世界で最もフォローされているエコノミストトップ50」(Bloomberg HT、2018年)、「フランスの“今年の”パーソナリティトップ50」(Tecknikart誌、2019年)、「世界で最も影響力のあるエコノミストトップ50」(Richtopia、2020年)にランクインしている。

訳者

岩澤雅利(いわさわ・まさとし)

翻訳家。神奈川県生まれ。東京外国語大学ロマンス系言語専攻修士課程修了。訳書に『ウイグル大虐殺からの生還――再教育収容所地獄の2年間』(G・ハイティワジほか、河出書房新社)、『ミレニアムと私』(E・ガブリエルソンほか、早川書房)、『モン・サン・ミシェル』(J=P・ブリゲリ、創元社)。共訳書に『格差と再分配――20世紀フランスの資本』(トマ・ピケティ、早川書房)など。

解説

白井 聡(しらい・さとし)

思想史家。政治学者。京都精華大学教員。1977年、東京都に生まれる。早稲田大学政治経済学部政治学科卒業。一橋大学大学院社会学研究科総合社会科学専攻博士後期課程単位取得退学。博士(社会学)。『永続敗戦論――戦後日本の核心』(太田出版)により、第35回石橋湛山賞、第12回角川財団学芸賞などを受賞。その他の著書に『未完のレーニン――〈力〉の思想を読む』(講談社学術文庫)、『戦後政治を終わらせる――永続敗戦の、その先へ』(NHK出版新書)、『国体論――菊と星条旗』(集英社新書)、『武器としての「資本論」』(東洋経済新報社)、『主権者のいない国』(講談社)などがある。

[校正]鳥取絹子　[編集協力]中村宏覚　[本文DTP]天龍社

「経済学」にだまされるな!
人間らしい暮らしを取り戻す10の原則

2021年12月25日 第1刷発行

著　者　トマ・ポルシェ
訳　者　岩澤雅利

発行者　土井成紀
発行所　NHK出版
〒150-8081 東京都渋谷区宇田川町41-1
電話 0570-009-321(問い合わせ)
0570-000-321(注文)
ホームページ https://www.nhk-book.co.jp
振替 00110-1-49701
印　刷　啓文堂／大熊整美堂
製　本　二葉製本

乱丁・落丁本はお取り替えいたします。定価はカバーに表示してあります。

Printed in Japan
ISBN978-4-14-081886-2 C0098